コラムの道

小田嶋隆

はじめに

ミシマ社の三島社長とはじめてお会いしたのは、二〇〇七年の春のことだった。彼は、福音をのべ伝える伝道者に似た表情をたたえながら、私に本書の企画を力説した。

話はとんとん拍子に進んだ。その場でタイトルと目次立てが決まり、あとは書き下ろすだけという段取りになった。

そうやって五年が経過した。

注意深い読者は、疑問を抱いたはずだ。

「そうやって、って、どうやってだ?」

あなたの疑問は正しい。

が、この五年間がどんなふうに経過したのかについては、本書を読み終わった時点ではじめて、読者に伝わることになっている。海図《かいず》通りに進む航海は、冒険としては失敗だ。その意味で、本書は大成功だった。何を言っているのかわからないかもしれないが、読み終わればわかる。われわれは、思ってもみなかった港に漂着《ひょうちゃく》するという望外の成功を勝ち得ている。

原稿を書く作業は、誤解を恐れずにいうなら、その都度《つど》はじめての経験だ。構成の立て方や話の運び方について、経験から学び得る部分がないわけではないし、言葉の選び方や結末の工夫についても、おそらく方程式の解法に似た手順が存在しているはずだ。が、それでも、結局のところ、空白の液晶画面にはじめての文字をタイプする書き手は、毎回、手探りからはじめなければならないものなのだ。

本書が試みたのは、その「手探り」の結果を列挙することではない。「手探り」の方法について、そのメソッドやプロセスを公開することでもない。

私が本書を通じて目指したのは、コラムが毎回はじめての経験であるということの楽しさを、読者とともに分かち合うところにある。

コラムは、道であって、到達点ではない。

だから、コラムを制作する者は、方法でなく、態度を身につけなければならない。別の言い方をするなら、文章を書く人間が自分の携わっている作業に慣れを感じているのだとしたら、彼は、すでにコラムニストを卒業しているということだ。なんとなれば、コラムは、書き手にとって、常に挑戦であるはずのものだからだ。「慣れ」や「手順」から生まれる文章は、コラムとは別の規格品にすぎない。

むろん、規格品に活躍の場がないわけではない。というよりも、新聞記事や、放送原稿や、研究者論文は、むしろ、規格品であることを求められている。というのも、通常の文脈でいう「文章」は、「情報」を運ぶための船のようなものだからだ。その意味で、文章そのものの「芸」や「けれん」は、それが運ぶはずになっている「内容」や「情報」にとって、不要であるのみならず、有害な要素になる。

そんなわけで、書店の「文章作法」のコーナーには、文章から贅肉《ぜいにく》を削《けず》りとる方法や、論文から雑駁《ざっぱく》な要素を排除する手順を記した書物が並んでいる。

それぞれに有益なテキストだと思う。

が、本書は、そういう書物ではない。

コラムが運んでいるのは、「事実」や「研究結果」や「メッセージ」のような、「積荷《つみに》」ではない。わたくしどもは、船そのものを運んでいる。つまるところ、コラムニストとは、積荷を運ぶために海を渡るのではなく、航海それ自体のために帆《ほ》を上げる人間たちを指す言葉なのだ。

ということはつまり、空っぽの船であっても、そのフォルムが美しく、あるいは航跡が鮮烈ならば、でなくても、最低限沈みっぷりが見事であるのなら、それはコラムとして成功しているのである。

本書は、何の積荷も積んでいない。

運ぶのは、いまこれを読んでいる諸君だ。

それでは、よい航海を。

注：PART 1の各扉の日付は、ミシマ社ホームページでの掲載日を表している。
当初は毎週連載の予定ではじまった。
PART 2は、二〇一二年四月より「R25 college」に連載中の「コラム的文章道」を元にしている。

目次

コラム道 PART 2

コラム道

PART 1

第一回

コラム道に至る隘路《あいろ》

2008年10月3日

当コーナーでは、「コラムの書き方」について書く――はずになっているのだが、本当のところを申し上げるに、私は、コラムのようなものに、「書き方」みたいなものがあるのかどうか、考えてみたことさえなかった。

あるいはそんなものは存在しないのかもしれない。

一〇〇人のコラムニストには、一〇〇の書き方があって、それらは簡単に一般化できるものではないのかもしれない。

それゆえ、法則性を導き出すことも無理。

それどころか、一人の人間が書く一〇〇のコラムのうちにさえ、それぞれ別個の無秩序な手法が宿っていたりする。

とすれば、コラム執筆法を手順化してソートしたり、「チャート式」みたいに分解して教材化することは、原理的に不可能……なのだ、と、そう言ってしまったほうが楽なことはたしかだ。

学問に王道無し、数学に近道無し、恋愛に迂回路《うかいろ》無し、変態に帰り道無し……と、だから、先人たちは、

「ガムシャラな努力だけが、目的地に至る唯一の経路である」

という意味の断言を浴びせることで、後輩を突きはなしてきた。

つまり、「教えてやんねえよ」と。

ギルドの内部にいる人間が、「王道無し」と言いたがる態度のうちには、自分たちのかかわっている仕事を神秘化せんとする気持ちがあずかっている。

たとえば、「シュートに王道無し」とストライカーが言うのは、サッカーにおけるフォワードというポジションを聖域として保っておきたいからであり、またそのジャンルに座を占める者である自分を、単なるギルド内の先行者としてではなく、神秘の術を使う魔術師として遇してほしいからでもある。

が、しかし、ピアノに「バイエル」があり剣道に素振《すぶ》りと型稽古《かたげいこ》があるように、古来、後継者を育てる風土を持った技芸には、「ソルフェージュ」(もっとも、ラグビー部における「ウエス」《↑ボール磨き》や、ブラスバンド社会における「ロングトーン」などは、トレーニングというよりは通過儀礼の意味のほうが大きいのかもしれないが)が付随していたものなのだ。

あるいは、根気よく観察すれば、コラムにも、そうした「コツ」のようなものが見つかるかもしれない。

で、「コツ」をひとつずつコラム化して、それらのひな型を五〇個なり一〇〇個なり並べてみれば、案外コラム生産法のソルフェージュができあがるんではなかろうか——と、そう考えて始められたのが、当企画ということになる。

見つからなかったら?

「見つけようと努力することのうちにコラムが宿っている」とか言って逃げるのだよ。

そういうときは。

言い逃げ。あるいは、言い逃げの弁解を発案せねばならない状況そのものがコラム的な枠組《わくぐ》みとして有効なのだと言い換えても良い。

いずれにしても、コラムは発見ではない。

むしろ、発見のために用いる顕微鏡や望遠鏡に近い。視点の限定。拡大。あるいは目眩《めまい》それ自体。

コラムって、そんなに偉いものなのか?

っていうか、コラムというのは、「道」を形成したり、オダジマが家元を名乗るようなご大層《たいそう》な伝統芸能なのか？

違う。

そういうことではない。

むしろ、コラムが、偏頗《へんぱ》で限定的な仕事だから、「書き方」の提示が可能になる、と、そういうスジの話を私は展開しようとしている。

「文章の書き方」は、簡単に明示できるものではない。

というのも、「文章の書き方」は、「ものの考え方」や、「人生の生き方」を含んだ壮大なテーマで、それゆえ、他人に教えられるようなものではないからだ。

というよりも真に致命的な事柄は、他人から学ぶことができない。当然だ。

が、「文章」や、「人生」を、もっと限定したステージで扱えば、答えを探ることぐらいはできるようになる。

たとえば、「中学一年生の男の子が夏休みに読む本としては、どんなものが好適でしょうか」という問いには、回答のしようがある。唯一の正解を提示することはできないにしても、それでも、魅力のあるヒントを示唆《しさ》してあげることぐらいはできる。

というわけで、第一回は、所信表明のみということで。
次回は、「コラムとは何か」について考察してみたい。乞《こ》うご期待。

第二回

コラムとは何か

2008年10月21日

いきなりの休載失礼しました。

休載と救済。

あるいは魂の休載。

まあ、いろいろとあるわけです。

申し訳ない。


今回は、「コラムとは何か」について考えるはずになっている。

辞書を引くと「コラム」の語義は、

1．新聞・雑誌などで、ちょっとした短い記事をのせるかこみの欄《らん》。また、その記事。かこみ。
2．〔建築〕円柱。

てなことになっている（『Super日本語大辞典』学研より）。

英和辞典では、「円柱」「新聞の特約寄稿欄」以外に、「（新聞の縦の）段、枠」「（軍隊の）隊列」などが出てくる。

まあ、ざっと言って「枠組み」ということだ。

コラムは、特定の「枠」にピタリとおさまるべき、工芸品のごとき制作物なのであろうか。で、コラムニストは指物師《さしものし》である、と。

イエスにしてノー、だ。コラムは、制作過程において、工芸品的な技巧を要するテの書き物ではある。が、その一方で、最終的な作品として、ときに枠組みから外にはみ出さねばならない。そういうふうに私は考えている。

そもそも、新聞社が特定の文章を「コラム」と呼ぶのは、そのテキストが、言論機関たる新聞の文責とは別のものである旨をはっきりさせておきたかったからだと思われる。これ、ウチの社の言論じゃないよ、と。だから新聞社は自分のところの記者が執筆した本筋《ほんすじ》のテキストとは別の枠組みを用意し、その異端のテキストを飾《かざ》り罫《けい》で囲うことで、記事本文から「隔離《かくり》」したのである。

つまり、コラムは、新聞社という「社会の木鐸《ぼくたく》」に起源を発するパブリックな言論とは正反対の出自を持つもので、コラムニストと呼ばれる個人が、私的かつ独自な視点において吐き出した言説であり、ときには偏見を含んでいるかもしれない、「別枠」の弁なのである。

「コラム」自体は、「枠」の内側にある。しかしながら、新聞記事という枠組みをひとつの世界とする考え方からすると、コラムは、むしろ、新聞という枠組みの外部に位置している。

　その意味で、コラムは「異端」の原稿であり、「枠外」の存在であり、常識の「埒外《らちがい》」にある制作物ということになる。あるいは「アウト・オブ・ベース」（↑基地外ね）であり「外道《げどう》」であり「インフィデル」（異教徒的）かつ「アウトロー」（法外）な「隔離された」記事であると。

　そこまで極道をきどることはないだろう、と、読者は考えるかもしれない。が、読み手の側がどう読むのかは措《お》いて、書き手の側の覚悟としては、コラムニストは、自分が「規格外」の存在だという気分をどこかで持ちこたえているべきなのだ。

　なんとなれば、新聞や雑誌の紙面のうちに、ひとつの枠を与えられて、その中でなにがしかの言説を開陳する以上、そのテキストが、周囲の、他のページの、上段や下段にある文章と同じテンポやムードの出来物であって良い道理はないからだ。

「おい、この書き手の文章は、何かが違っているぞ」

でも良い。あるいは、

「まーたオダジマの原稿は、いいぐあいにきちがってやがるな」

でもよろしい。

いずれにしても、読み手による好悪や、その時々の出来不出来を超えた地点で、コラムは、「違った」文章であらねばならない。

内容、文体、視点、あるいは結論の投げ出し方や論理展開の突飛《とっぴ》さでも良い。とにかく、どこかに「当たり前でない」部分を持っていないとそもそも枠外に隔離された甲斐がないではないか。

だって、居住区域外の、ある意味鉄格子の檻《おり》みたいなものの内側に、オレらコラムニストは追いやられているわけだから。だとしたら、ガオオオぐらいな咆哮《ほうこう》はやらかしてみせるべきところだろ？　見世物芸人の意地として。

もちろん、非常識であれば良いというわけではないし、突飛だったり支離滅裂ならそれで一個のコラムが完成するという筋合《すじあ》いのものでもない。

というよりも、健康な常識をそのうちに備えていないコラムは、渡世人《とせいにん》の口上と選ぶところのないものだ。そう。前衛的な未熟者がやらかすやぶれかぶれのノンセンスは、月並み調の陳腐《ちんぷ》よりも悪い。少なくとも商業誌ではそういうことになっている。

コラムとて、文章である以上、最終的には、読み手を納得させ、感心させる部分を持っていたほうが良い。そのためには、コラムは、結局のところ、常識一辺倒であるかどうかはともかくとして、少なくとも枠組みの中においては完結している筋道立った独自の理路を持っていなければならない。

飛距離とミート。コツンと当てつつフルスイングってやつだ。

つまり、ダブルバインド。

さよう。コラムは、ダブルバインドのうちにある。非常識な方法で常識を語り、規格外のもの言いで素朴な心情を語る、とかいった調子の。やっかいなことだが。で、最終的にコラムをコラムたらしめているものは、その種のダブルバインドがもたらす「負荷《ふか》」だったりする。

負荷については、いずれ稿を改めて書かねばならないだろう。〆切《しめきり》。義理。圧力。コラムニストを圧迫し、彼に火事場の馬鹿力を発揮せしめるさまざまな負荷。生活と習慣。うむ。イヤな原稿になりそうだ。

さて、不義の随筆であるところのコラムは、その技法において案外型にはまっていたりもする。

というのも、コラムは、結果として「型」そのものだからだ。

その意味では、コラムニストを「型枠《かたわく》職人」であるというふうに定義することもできる。実際、私自身はそういうふうに自覚している。型枠大工みたいなものだよ、と。

絵には構図がある。

写真にはフレームがある。

で、それらの視覚芸術は、額縁《がくぶち》におさめられることで完成をみることになっている。

何を言いたいのかというと「全世界は作品にならない」ということだ。

もう少し具体的な言い方をしよう。

「自分の周囲をめぐる全天足下三六〇度のあらゆる景色をあまねく描写することは画家の仕事ではない」

そういうことだ。

画家は、目にとまった一点を、でなければ、特定の場所から見た一定範囲の景色を、「絵画」という作品に定着させる。それが彼の仕事だ。

で、この、「景色を限定する作業」ないしは、「主題を枠組みにはめこむ過程」を、絵画の世界では、「構図」と呼んでいるわけなのだが、その作業は、同時に、天地と奥行きを持った三次元の動的な世界を、静止した平面に翻訳する作業でもある。

つまり、絵描きには、時間的にも空間的にも、「瞬間を切りとる」ことが、求められるのである。というよりも、絵を描く人間が最初に直面する問題は、「どのように描くのか」でもなければ、「どんな色を使うか」でもなく、まず第一に「何を描くのか」なのである。

写真でも同じだ。カメラのフレームにおさまる景色は限られている。だから、どの倍率で、どこに焦点を当てて、いかなる被写界深度において風景を切りとるのかということが、カメラマンのウデになる。

おわかりいただけただろうか。

コラムは、短いライン数の中で、何かを言い切る仕事だ。そのためには、限定されたライン数の中にひとつの世界なり主張なりを閉じこめなければならない。

やっかいな仕事だ。

コラムニストは、画家がキャンバスの中に風景を封じこめることや、写真家がレンズでもって世界を切りとることと同等な作業を、言葉という道具を使って成し遂げなければならない。

その意味では、コラムとは、「特定の枠組みの中で、言葉の小宇宙を形成する作業」であるというふうに定義することができる。うん、カッコ良すぎるが。でも、自分の仕事はなるべく素敵なカタチで定義しておいたほうが良い。そのほうが仕事がはかどるし。

ということになると、次は、「枠組み」にはどんなものがあるのか、という、そこのところを考えなければならなくなる。

というわけで、次回の課題は、「枠組みと主題」あるいは「視点と視野」ぐらいになる。あるいは「シャッター速度と露出」だろうか？

いや、最後のは、ほんの思いつきのアドリブ（笑）。あるいは「アドリブとコード進行」でも良い。要するに、どういう枠組みで、世界を切りとるのかという、そこのところについて考えてみようというわけです。

では、また次回。

第三回

コラムと枠組み

2008年11月18日

またしても間があいてしまった。

困ったことだ。

コラムニストにとって「〆切《しめきり》」がいかにデッドなラインであるのかということについて、いつか一項を立てねばならないだろう。生命線。あるいは死線だろうか。越えても生きているが。案外。


人をして原稿を書かしめるものは、アイディアでもなければ、衝動でもない。ましてや、宿命なんぞでは絶対にない。執筆のエンジンは、多くの場合、外部的な強制、だ。具体的には〆切。これは、漱石《そうせき》でも鷗外《おうがい》でも同じ。もちろんオダジマでも。

であるから、当原稿のような〆切のユルい（つまり、「デッドラインを飛ばしたところで白い紙を印刷する恐れのないウェブ上の原稿」ということ）仕事は、優先順位として、順番の最後にマワされてしまうことになる。

で、ここが奇妙なところなのだが、私は（「コラムニストは」という一般名詞の主語は使わないでおく）、〆切をひとつかかえていないとどうも落ち着かないのである。

だから、順送りのカタチで最後にマワされた原稿は、悪くすると、いつまでたっても手がつかない呪《のろ》われた末《すえ》っ子になる。

困ったことだ。

なぜなのだろう。

どうしてオダジマは、最後の〆切を、かかえたままにしておきたがるのであろうか。
1．「売れっ子」の自覚を抱いていたいから‥もちろん、ニセの自覚だが。仕事に恵まれなかった頃、〆切をひとつもかかえていない状態で過ごす日々は、とても空《むな》しい時間だった。で、オダジマは本能的にかかる事態を避けようとしているのかもしれない。なさけない話だが。
2．気力が尽きるから‥ひとつ仕事を終えると、ひとつ息が抜ける。で、最後のひとつを終えてしまうと、自分が抜け殻になる気がして、それで、最後の仕事には、手をつけずにおく。そういえば、オー・ヘンリーの小説にあったぞ。『最後の一葉《いちよう》』。おそらく、安全策なのだと思う。瓦解《がかい》しないためにの。

3．単なる慣れ：単純な話、〆切がひとつもないという状態を想像することができない。空っぽの皿はコワい。だから、最後の一切れには手をつけない。三時に呼ばれた臆病者の主婦みたいに。

そういえば、つい最近、テレビで、若いヤツ（歌手だと思う）が言っていた。

「跳ぶためには、しゃがまなければならない」

とか、そういう話を。とても「いい話」みたいに、だ。

たしかに、キミの言う通りなのかもしれない。が、オレは、

「お前みたいな若いヤツに説教をされたくはないぞ」

と思ったぞ。

こんな「いい話」は、二〇代の男が語るべきプロットではない、と。

で、アタマの中で添削《てんさく》した。

私ならこう言う。

跳ぶためには膝《ひざ》を曲げなければならない。さよう、人が跳ぶためには、跳躍の実行にさきだって、かがんだ姿勢で過ごす期間が必要だ。その通りだ。

が、一方、忘れられがちなことだが、蹲踞《そんきょ》している人間のすべてが跳べるわけではない。

ある者はそのままへタりこんでしまう。かがんだまま寝てしまう者もいる。また、別のある者は、リキんだあげくにウンコを漏らしてしまう。そういうケースが実際にはあるのだ。だから、この話のキモは、むしろ、「かがんだからといって、必ず跳べるわけじゃないぞ」というところにある、と、そういうふうに、オレとしては、改訂《かいてい》したい。

今回、私はかがんだままで、三週間を寝て過ごしてしまった。

原稿を待ってくれていた読者の皆さんには、謝罪の意を表明しておく。

オダジマは、ただ寝ていたのではない。かがんだ姿勢で、窮屈な思いを抱きながら寝ていた。勘弁してくれ。書けない時間が脳を育てるのさ、というのは、「よろしく哀愁」(←ググってくれ)のパクリだが、書けない時間は、ものを書く者にとって、決してムダにはならない。逃避であってさえ。

さて、今回は、「枠組み」のいろいろについて、書くことになっている。

前回触れた通り、コラムとは、一定の「枠組み」の中におさまるテキストの由《よし》である。

つまり、コラムがコラムであるためには、何らかの「限界」をあらかじめ設定しておく必要があるということだ。

でないと、コラムは拡散し、希釈し、逸脱して、女優さんのエッセイになってしまう。あるいは、作家さんの身辺雑記やアイドルさんのブログみたいな緊張感のないテキストにばけてしまう。

「限界」は、必ずしも「主題の限定」を意味していない。

むろん、最も典型的な形式は、「〇〇について」というふうに、タイトルがそのまま主題となるカタチで書かれるコラムで、この場合、主題そのものが枠組みになっている。

たとえば、「麻生《あそう》首相の口の曲がり方について」と、あらかじめタイトルを掲げたところから書き始めれば、必然的にこの原稿は、自分が掲げた枠組みの中で自動運動を始め、うまく落ちればそのまま時事コラムになる。書きやすいといえば書きやすい。

が、すべてのコラムが、こんなふうに単純な主題先行で片づくわけではない。ある場合には、「形式」がコラムの枠組みを決定する。

昔、誰だったか（←中島らも氏？）が、「しりとりコラム」というのを連載していたことがあったが、これなどは、主題よりも形式を優先した好例であろう。しりとりコラムでは、第一回を「りんご」で始めたら、第二回は「ゴリラ」になる。で、以下、「ラッパ」「パンツ」「津波」「みかん」（←あ）ぐらいの並びでタイトルを連ねていくことになるわけだが、いずれにしても、「しりとり言葉」をタイトルに持ってきて、その言葉に関連した範囲内で、なんとか原稿を書かねばならない。それがこの連載コラムの「枠」になる。

しりとりは、音でなくてもかまわない。たとえば、主題を少しずつスライドさせて、「麻生首相の口の曲がり方について」→「曲がった口が吐く直言《ちよくげん》の嘘さ加減について」→「嘘の効用と真実の害について」→「害なす身の幸福について」といった調子で展開しても良い。こんな連載が可能かどうかはわからないが、ともあれ、書き手の精神に、ある緊張を強いることができれば、枠組みは機能している。はずだ。

私自身は、しりとりを試したことはない。

が、似たような連続モノを、ずっと昔、とある月刊誌で書いていたことがある。連載タイトルは「からだからからだ」(↑体から体、体カラカラだ、空だから空だ、ぐらいの含意)といって、「毎回、身体の一部分について書く」というシバリがお約束になっていた。「つむじ」から始まって、どこまで行ったのかは忘れたが、時事問題などをからめつつ、何年か続けることができた。

「山手線膝栗毛《ひざくりげ》」という企画では、池袋から始まって、目白↓高田馬場↓新大久保↓新宿というふうに、山手線をぐるりと一回りするカタチで、原稿を書いた。

いずれの場合も、連載テーマが個々のコラムの主題を限定する仕組みになっている。

しりとりだとか山手線だとか、どうしてそんな窮屈な枠組みをあえて求めるのか、と、人は問うかもしれない。

が、書く身からすれば、限定があったほうが楽であったりもするのだ。

コラムニストにとって、難しいのは、むしろ主題を見つける（何について書くのかを決める）ことだ。主題さえ決まってしまえば、それが、どんな主題であれ、どうにか書くことができる。そういうものなのだ。逆にいえば、主題よりも書き方に重点を置いている書き手を、コラムニストと呼ぶ、ということなのかもしれない。

とにかく、一般のライターは、自分の得意分野についてルポルタージュを書く。あるいは自分がかねてから抱えている問題意識に従って論文を書く。そういうことになっている。

一方、コラムニストは、主題を選ばない。むしろ、どんな主題でも、注文があれば書く。というのも、コラムニストが問題にしているのは、主題そのものではなくて、与えられた主題をどのように料理するのかという、調理手順だからだ。

つまり、職人なのだね、われわれは。農夫であるよりは。

長さも、ときには枠組みになる。

たとえば、俳句は、五七五の一七音節の範囲内で完結するきわめて限定的な文芸だが、その俳句では、形式としての限定のあり方が、表現芸術としての立ち位置を決定している。すなわち、絵画的であり、シンプルであり、暗示的であり、象徴的だということを、だ。というよりも、一七文字で完結するためには、シンプルであるほかに選択の余地がなく、暗示的かつ象徴的でなければ文芸として生き残れず、映像喚起《かんき》的でないと印象を固定できない、と、そういうことなのかもしれない。

コラムの場合も、特別に短い場合、ライン数そのものが内容を決定する場合がある。

一時期、私は、一四文字×八ラインぐらいのソフトレビューみたいなものをずいぶん書いた。あれはコラムではなかったが、良い訓練にはなった。

なんとなれば、ある程度以上短い原稿は、技巧的たらざるをえないものだから。その意味で、キャプションは、今でも好きだ。

失敗しても、うまくつく場合でも、キャプションを考えるのは楽しい。

もしかして、コラムは、キャプションの発展系ぐらいなのかもしれない。

文体も、ときには、枠組みとして機能する。

たとえば、擬古文《ぎこぶん》で書けば、それだけで、そのテキストは特別な書き物になる。

五年ほど前、今はなき『Asahiパソコン』という雑誌の中で、「隘亭長屋《あいていながや》」という連載を持っていたことがある。

物知りのご隠居さんが、長屋の連中にIT（パソコン用語）の講釈を垂《た》れるという設定の、似非《えせ》落語ライクな用語解説ページ。うん。奇妙なページだった。これなども、枠組みといえば枠組みである。やたらに手がこみすぎていて、成功したとはいえなかったが。それでも書く者の立場からすると、楽しい連載だった。そう。楽しいのが一番。書き手が楽しめていないと、読者も楽しめない……というのはウソだが、書き手は、楽しめる書き方を探求せねばならない。

何より、自分自身の精神衛生のために。必ずしも、読者のためでなくても良い。

オレの幸福がひいては読者の幸福なのだ、と、それぐらいの傲慢《ごうまん》は、抱いていてさしつかえない。口に出して良いのかどうかはともかく。

かように、枠組みは、なんでもよろしい。

私はやったことがないが、たとえば、星新一がショートショートの手法で試していた手口をパクッても、それはそれでコラムは成立するはずだ。

「ノックの音がした」

と、星新一は、一冊の単行本の中の短編のすべてを同じ書き出しではじめていた。

これと似たことをコラムでやっている人は何人かいる。

毎回同じ書き出し。

「というわけで、○○な今日この頃なのだが」

だとか、

「一週間のごぶさたです」

とか。

でも、書き出しの挨拶が同じというだけでは、枠組みとしてはいかにも弱い。

むしろ、毎回同じセリフで落とすほうが、限定としては面白いかもしれない。

そんなことができるかどうかは、わからない。

無理だろうな。

無理、といわれるとちょっとやってみたくなるけど。

というわけで、次回は、推敲について書こう。あるいは、「会話」（ダイアログ）の機能についてのほうが順序としてよろしかろうか。

まあ、何について書くことになるのであれ、遅れずに登場したいものですね。

ではでは。

第四回

会話はコラムの逃げ道か

2008年12月2日

ご無沙汰であるとか、休載がどうしたとか、風邪がとかペットの仇《かたき》がとか、そういった種類の話題を冒頭に配置するのは、冗長を嫌うショートテキストであるコラムにとって、幸福な出発ではない。

いきなり本題にはいることが、多くの場合、正しい選択になる。読者は誰も弁解なんかを聞きたいと思ってはいないのだし、弁解をしている側も、本心では自分の弁解を信じているわけではないからだ。とすれば、弁明や申し開きみたいな非コラム的な要素のために行数をついやすのは愚《ぐ》の骨頂《こっちょう》……というこの前段がすでにして釈明じみてきていること自体、これまでに記した文字ヅラを裏切っているわけで、かようにコラムについてのコラムは、常に自己言及というメビウスの環《わ》の中で空転《くうてん》することになっている。鏡の前に置かれた鏡。あるいは自分の尻尾《しっぽ》を追う猫……の尻尾を追いかけてくる謎の猫から逃れんとする猫の苦悩。因果はめぐるよどこまでも。野を越え山越え谷越えて。

今回は、「会話」について書こうと思っている。

より詳細に申せば、文章における会話的な要素のとり扱い方について、だ。

最初にひとつ例をあげよう。


「アナリストってどういう意味だ？」

「アナのリストぐらいじゃないのか？」

「アナって？　穴か？」

「そう。落とし穴の穴。ほら、株なんかやってると、落とし穴だらけだろ？　だからその予期せぬリスクをリストアップするとか、そういうセールストークでクライアントをたぶらかしてるわけだよ。どうせ」

「体のアナじゃなくてか？」

「そんなものリストにするまでもないだろ」

「いや、局アナは局部のアナだとか、そういう基準で各方面のアナをリストアップしてけば、フリーのアナみたいな人たちは案外狙い目になるんじゃないのか？　アナリスト的には」

「おまえ酔っ払ってる？」

「楊貴妃《ようきひ》はあらゆる穴を使ったそうだな」

「さすがだな。中華四千年の文化的豊穣」

「小野小町とはえらい違いだ」

「どういう意味だ？」

「おまえ知らないのか？　小野小町は穴無しだったというお話だよ」

「いわゆるムチツジョな」

「ははは、チツが無いからムチツジョってか」

「あな口惜《くちお》しや人魚姫の下半身……っていうのと似た話だな」

「でも、上半身が魚の人魚姫っていうのもそれはそれで残念だぞ」

「そうか？　オレは、その逆人魚姫のほうが良いけどな」

「オレも」

「バカ言うなよ。魚とデキるか？」

「でも、脱がせてみたら腰から下はウロコでしたっていうのもなあ」

「そんなことより知ってるか？　首吊りで死ぬと体中の穴という穴から液という液が全部出るらしいぞ」

「イヤな話すんなよ」

「っていうか、キミたち、アナリストは穴のリストなんかじゃありませんよ」

「じゃあ何だ？」

「だからさ、たとえばリアリストって言ったら何だ？」

「……現実主義者ぐらいか？」

「そう。じゃあ、ロマンチストは？」

「ロマン主義者だな」

「そう。ってことはアナリストは何になる」

「アナ主義者か？」

「おまえは麻生《あそう》太郎か？　アナ主義者ならアナイストだろ」

「ってことは、アナル主義者ぐらいか？」

「正解。われらアナルを奉《ほう》ずる者也《なり》」

「ははは、主義として高く掲《かか》げるほどの思想かよ」

「……でもさ。水を差すようだけど、ピアニストはピアノ奏者だぞ」

「そういえばそうだ」

「ギタリストだってギター主義者じゃなくてギター奏者だよな」

「ってことは、アナリストはアナル奏者ということになるぞ。流れとして当然」

「でも、どうやって奏《かな》でる？」

「そもそも演奏可能なのか？」

「ま、初心者は音出ないだろうな。尺八《しやくはち》と同じで」

「裏尺八な」

「首振り三年コロ八年って言うしな」

「つーか鍵盤《けんばん》も弦《げん》もないぞ」

「第一、音程がとれないだろ」

「打楽器ならオッケー」

「でも、普通に考えれば管楽器と見るのがスジだろうな」

「まあ、具体的な方法については各自の研究を待つってことで良いんじゃないか」

「くだらねえ。オレは研究なんかしないぞ」


……かように、会話における主題は、しかとした像を結ばない。

話題はあっちに動いたかと思えば、こっちに飛びさすらい、最終的にどこに落着するのか、まったく予断を許さない。というよりも、支離滅裂である。が、逆にいえば、会話は、結論を気にせずに展開だけを楽しむことができる、至って気楽なパラグラフであるともいえる。

事実、会話のカタチで書かれているものであるなら、読者は、相当にグダグダな文章でも許す度量を持っている。

だから、会話文は、コラムの中に、異質な要素をまぎれこませるときに便利なツールになる。

ジョークとか、主題と無関係な挿入句とか。あるいは、ツカミのボケに会話を持ってくるテもあるし、話題を転換するときのきっかけや最後のオチを会話体に委ねるやり方もある。

まあ、何でもアリだ。

会話は、前の行と矛盾していてもかまわないし、論理が飛躍していても、話題が展開していても、時間が逆行していても、さらには意味が破綻《はたん》していても良い。

というのも、われわれがふだん、親しい者との間で交わしている会話もまた、論理的には、まったくのデタラメだからだ。

たとえば、「アナリストって、アナル主義者じゃやね？」というさきほどのジョークを、普通に地の文の中で展開するのは、これは、やってみるとわかるが、けっこう難しい。

自然な文体でジョークをカマすこと自体、そんなに簡単なことではないし、なにより、そこから立ち直って、元の文章に戻ることが難しい。

というのも、ジョークは、文脈を破壊してしまうものだからだ。

あんまりアホらしいからだ、と言い換えても良い。

ジョークみたいな突発的な存在は、論理的であるべき地の文にはなじまない。

地の文でカマせるジョークは、最低限、ニヤリとさせる程度の上品な軽口止まり。それ以上のバカ笑いは、笑った後の処理が難しくなる。もちろん、スベったあとの処理も、それはそれで非常にやっかいではある。いずれにしても、ジョークを言う前の元の文体に戻ったからといって、信憑性《しんぴょうせい》は、すぐには戻ってこない。「こんなバカなことを書く著者」の書く文章を、読者が信用できなくなってしまうからだ。

で、コラムニストは、会話に逃げる。

というのも、会話文として書いた文章は、筆者の文責から離れるからだ。「架空の話者（↑実際には書き手が捏造《ねつぞう》した架空人格なのだが）が、バカなことを言いました」ということにしておけば、書き手は、とりあえず安全地帯に待避《たいひ》していることができる。

ジョーク以外にも、用語解説や付帯状況みたいな、本文の流れとは別の独立した事柄について書いておきたいときにも会話文は、重要な役割を果たす。読者に話しかけるカタチで話題を転換しても良いし、強引に質問者を召還《しょうかん》する方法もある。

困ったときは、会話。

まあ、使いすぎは禁物《きんもつ》だが。

＊＊＊＊＊＊＊＊＊＊＊＊

会話における言葉のあり方は、文章のうちにあるときのそれと比べて、ずっと自由だ。

いや、「自由」というだけでは足りない。

会話の中の言葉は、文章の構成要素となっているときのそれに比べて、より短期的で、感覚的だ。さらにいえば、それは反射的であり、テンポラリーかつ限定的で、揮発《きはつ》的ならびに局所的であり、多くの場合あまり論理的ではない。であるから、会話を模写する形式で書き起こされた文章は、通常の散文に比べて、より混乱していて、曖昧《あいまい》であり、その一方で、鮮烈でもあれば闊達《かったつ》でもあり、要するに自由かつ断片的なのである。

たとえていうなら、文章の中の言葉が、壁の中の煉瓦《れんが》の一片、ないしは、石垣《いしがき》を形成する城石の一部であるのに対して、会話の中の言葉は、独立した石ころとして一個たりえている。だから、手に持って振り下ろせば撲殺《ぼくさつ》用の凶器にもなるし、古池《ふるいけ》に投じれば、カエル君が飛び込むときの水の音を奏でたりもする。

会話は、だから、使いようによっては文章を賦活《ふかつ》するスパイスになる。が、使用法を誤れば石垣全体を崩壊に導く。石組みをして瓦解《がかい》せしめるには、不適切な石を一個紛《まぎ》れこませるだけで十分だからだ。石組みに乱れが生じれば、論理はガレキ化し、理路は道を失い、言葉の壁は廃墟になる。であるから、肝要《かんよう》なのは引き際を心得ることだ。引き際について語っているテキストにおいては特に。

一方、散文は、論理でできている。論理学や数学が対象にしている論理ほど精密なものではないが、それでも、文章のアタマから終わりまで一貫したロジックが流れていないといけないという建前《たてまえ》は常に書き手を縛《しば》っている。

文章の途中の一部分をとり出してみた場合でも同じで、ひとつの文、ひとつの段落は論理的に整合した一個の主張なり感慨《かんがい》なりを表現していなければならない。そういう決まりになっている。

文章を書くことのやっかいさは実にここにある。

すなわち、文章を書くということは、前のページで書いた内容と、いま書いている一行が矛盾していないかを不断にチェックし続ける作業を含んでいるのだ。その確認の作業のややこしさもさることながら、「文章の形式でものを考える」というそのこと自体がまた猛烈に面倒くさい。

おそらく、この作業（文章の文体でモノを考えるということ）は、脳にとってあんまり自然な作業ではない。

別の言い方をするなら、文章を書くという過程を通じて、人は、はじめて論理的にものを考える習慣を身につけるのである。

さよう。たとえば、原稿用紙換算で二〇枚になる分量の論考を、自分の頭の中だけで組み上げることのできる人間はほとんどいない。

それが、文章の力を借りることで、多くの人間にとって可能になる。

というのも、文章は、思考の足跡を書き残すことで、思考の到達距離を広げるツールだからだ。

ひとつの文を書き終えると、その文が表現していたところのものが、書き手にとっての当面の「足場《あしば》」になる。と、次の一文では、今書いたことの一歩先に話題を進めることができる。そうやって、文章は、書き手の考えを、一歩一歩段階を踏みながら、敷衍《ふえん》し、拡大し、伸張させることができるのである。

思考の最大到達距離が、五メートルである人がいたとする。その人間は、アタマの中で考えているかぎり、半径五メートルの範囲でしか自分の視野を確保することができない。

が、文章を書くことで、彼の思考は、より遠いところに到達する。文章を書く作業は、たとえば、岩場にハーケンを穿《うが》つ動作に似ている。ひとつ文を書くと、足場がひとつ増える。と、一度文章のカタチで確定させた足場は、次のときから、自分にとっての「陣地」になる。こうやって、われわれは、徐々に高度を稼《かせ》ぐことで、垂直の岩壁を踏破《とうは》し、ときにはアルプスのような巨大な山塊《さんかい》を越えて、新しい地平に到達することができるのである。

さてしかし、文章を書くことで、かえって隘路《あいろ》に迷いこむ人々もいる。

自分の書いた出来の悪い前提に視野を限定されて、無茶な演繹《えんえき》を繰り広げたあげくに、最終的には手に負えないバカな結論に立ち至っている不幸な書き手は、文章を書くことで、むしろアタマの機能を低下させている。

それとは別に、会って話しているかぎりにおいては温厚な人物なのに、文章を書くと、打って変わって偏執的な原稿を仕上げてくるタイプの人々がいる。

かと思うと、会話の上では、才気煥発《さいきかんぱつ》に見える人が、文章を書かせると、どうにも散漫で支離滅裂である例も珍しくない。というよりも、もしかして、打てば響くタイプの人間の多くは、文章が苦手であるのかもしれない。

なぜだろう。

どうして、アタマの良い人が、良い文章を書けないというようなことが起こりうるのだろうか。

おそらく、このことは、魅力的な会話を成立させる能力と、マトモな文章を書くための能力が、まったくかけはなれているということに由来している。

会話を魅力的たらしめている要素は、ボキャブラリーの華麗さや反応の速さといった、どちらかといえば瞬発的な能力に依存している。ほかにも、会話は、純粋な言語能力とは別の、人格的な魅力や、地位を背景とした圧力や、美貌や声そのものの豊かさみたいな要素によって、かなりその影響力を左右される。

ひるがえって、文章を文章たらしめているのは、ひらめきや想像力よりは「根気」だとか「忍耐力」みたいな、どちらかといえば地味な能力（「適性」と呼ぶべきかもしれない）だ。

会話を得意とする人々は、アドリブだけでたいていの難所をくぐりぬけることができる人々だ。彼らは、対面で話しているかぎり、その場の思いつきや反射神経で、ほとんどの相手をねじふせることができる。あるいは感心させたり、笑わせたりしながら、どう料理するにしろ、最終的には、他人を思い通りに操《あやつ》ってしまう。

彼らはテニスプレーヤーに似ている。

速いサーブに対応する反射神経と、意想外のドロップショットに追いつくスピードを持った彼らは、会話という限られたコートの中では、どんなタマでも打ち返すことができる。

でも、文章は、テニスや卓球みたいな短兵急《たんぺいきゅう》な勝負ではない。来たボールを打ち返す能力だけで運営できるものではない。

一個の文章を完成に導くために必要な資質は、スピードや瞬発力やイマジネーションよりも、ずっと地味な能力、たとえば、自らの論理矛盾をチェックする注意力であるとか、推敲を繰り返す根気だとか、あらかた書き上がっている原稿を一から書き直す胆力みたいな、どうにも辛気《しんき》くさいタイプの何かだったりする。

もちろん語彙《ごい》は多いほうが良いし、イマジネーションだって豊かであるに越したことはない。言語能力もあったほうが良い。でも、それらは決定的な要素ではない。まっとうな文章（←良い文章、おもしろい文章とは言っていない）を書くための条件は、あくまでも、根気。そう、皆さんの大嫌いな言葉だ。

根気。

戦後民主主義教育がどん百姓の資質として冷笑してきた属性であり、渋谷区や港区内に事務所を構えるアート系のオフィスでは、決して「才能」と呼ばれることのない資質だ。

……困った。

根気が大切だよみたいなタイプの説教だけはしたくなかったのだが、気がついたら、オレはモロに根気をプッシュしている。

読むほうはたまったものじゃないと思う。

根気が一番みたいな、そういう話に触れたくてこのテキストを読んでいる人はそんなにいないはずだ。

というよりも、根気仕事だとか泥《どろ》んこ業務だとか、あるいは裏方作業だったり縁の下ビジネスだったり、そういうじめじめしたあれこれがキライだからこそ、ある一群の人々はライターを目指したりするものなのだ。そういうものなのだよ。わかっている。オレもそうだった。根気とかコツコツとか、そういうのは大嫌いだった。今でも本当のことを言えばキライだ。

で、そのオレが若い人たちに向けて、根気を説いている。

本当に人というのは、風上に立つと平気で嘘を言うようになるのだな。

うん。

撤回する。

オレは意地悪を言っていた。

文章を書くのに根気が必要なのは一面の事実だが、なあに一面の事実にすぎない。

見方を変えれば良いのだ。

私自身、文章を書くためのこまごまとした作業や、コラムを仕上げるための根気仕事をツライとは思っていない。

つまり、ここでいう「根気」は、「イヤなことに耐える能力」ではない、ということだ。

逆だ。

むしろ、「石積み仕事を好きになる能力」ないしは、「他人には面倒に見える作業を嬉々《きき》としてこなすための心構え」といったようなあれこれが、人をして、コラムニストたらしめるのである。

つまり、プロのライターたちは、どうして文章みたいなものに対して根気良くとり組むことができているのかということに目を向けてみると、風向きはずいぶん違ってくるわけで、親切な先輩は、こういうことを書かなければいけない。

というわけで、次回の話題は、「モチベーション」ということにしよう。

カネとは言わない。意地でも（笑）。

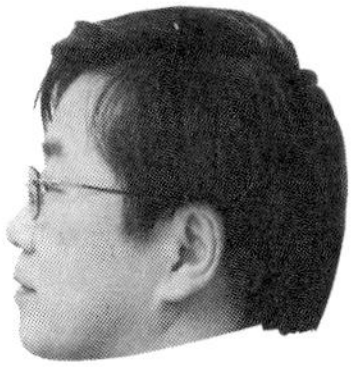

第五回

モチベーションこそ才能なり

2009年3月5日

状況を説明する。

私はモチベーションを喪失していたのではない。

私が見失っていたのはモメント（きっかけ）であってモラール（士気）ではない。

最初の〆切をフラッと踏み越えてしまったというそのちょっとしたつまずきが、良心的な書き手たるオダジマをして三カ月におよぶ停滞に至らしめた、とそう思っていただきたい。

その間――つまり、何も書かずにいたこの三カ月間――私は意欲を失っていたのではない。やる気はあった。覇気《はき》も持っていた。義務感に至っては、むしろ月《つき》日《ひ》を経るに従って亢進《こうしん》してさえいた。罪悪感もだ。のど元までこみ上げていた。実際、吐きそうだった。

にもかかわらず、この三カ月の間、私はただの一行も当欄のための文字をタイプしなかった。それも、「モチベーションについて書く」と、前回のテキストの末尾で予告を打った、その、モチベーションの保ち方についての論考を、である。

何が足りなかったのだろうか？

モチベーション？

まさか。

かように、モチベーションは、非常に扱いにくい精神作用だ。

というのも、モチベーションを鼓舞《こぶ》しようとする努力それ自体が、モチベーションを損なう落とし穴として機能しがちだからだ。

子どもの頃に親に向かって言ったことがないだろうか。

「いまやろうと思ってたのに。そうやってすぐにアタマごなしに『勉強しろ』っていうから、やる気がなくなるんだよ」

とかなんとか。

やる気は、「出す」ものではない。「出る」ものだ。

その意味で、無理矢理出したものは、やる気ではない。

ということはつまり、やる気は、「出てくる」のを待つしかないものなのだろうか？

……答えが、このテキストの中で見つかれば良いのだが。

私自身、知りたいし。

誤解してもらっては困るのだが、私は、モチベーションをコントロールすることの難しさを強調する意図で、執筆を先延ばしにしていたわけではない。私は、持って回った小細工をする男ではない。ときに、まわりくどい弁解を持ち出すことはあるにしても、「弁解のための状況証拠を作るためにあらかじめ下準備をしておく」といったような、そこまで七面倒《しちめんどう》くさいことはしない。そんなことをするぐらいなら、さっさと原稿を書くほうが簡単だから。

モチベーションについて考えるというそのことが、自然なモチベーションの発《はっ》露《ろ》を妨《さまた》げた可能性はある。

卒業式の演壇に向かって歩く生徒が、「歩き方」を意識したとたんに、自然な歩行法を忘れて、右足と右手を同時に前に出す機械仕掛けの動作に陥ってしまうのと同じで……とか、過ぎたことをぐだぐだ言ってもしかたがない、と、〆切の遷延《せんえん》を「過ぎたこと」として規定してしまえば、この話は自動的におしまいになる。さらば書かれなかった日々よ。めでたしめでたし。

通常モードの書き出しに戻る。

なぜ私は、モチベーションについて書こうと思ったのか。まずは、そこから書き始める。

当初、私は「才能」についで書くつもりだった。

結論としては、「才能は錯覚だぞ」という方向に落着するカタチで。

というのも、「才能」という考えほど若い人々を毒しているものはないと思ったからだ。

才能は、結果として、良い原稿を生み出したということから逆算される架空の財産みたいなものだ。あるいは株式市場における「含み益」と似ているかもしれない。換金しないかぎりにおいて利益と見なされる蜃気楼《しんきろう》みたいな財産としての含み益。幻想だよ。

文筆方面の話でいうなら、誰かが良い原稿を書くと、その人間に、「文才」が仮定される。そういうことになっている。

逆ではない。

誰かが誰かの中に「文才」を発見し、その文才のありそうな人間に文章を書かせてみると、ほーら案の定「才能」のある人間は才気溢《あふ》れる文章を書くぞ、と、そういうふうに話が進むわけではない。

「このコは文才のありそうな顔をしているぞ」

とか、

「お、さそり座O型なら、文才は有望だぞ」

とか、そういう展開にはならない。とにかく、文章を書いてみないと話ははじまらない。

文章は、誰もが毎日使っている「言葉」というツールを操《あやつ》る技巧であるだけに、そもそも素人と玄人の間に決定的な力量差は生じない。

大根の桂剝《かつらむ》きだとか、パイプオルガンの演奏みたいな分野では、素人と玄人の力量差は、絶望的に大きい。庖丁を握ったことのない人間から見れば、職業的な庖丁人が身につけている技巧は、魔法と呼ぶにふさわしい水準の何かに見える。が、文章の世界では、プロとアマチュアの間にたいした距離があるわけではない。

仮に志賀直哉《しがなおや》先生の名文とそこいらへんの高校生のメールの文章を比べてみたところで、せいぜい九五点と七五点ぐらいの違いしかない。せいぜい二〇点。読む人によっては、評価が逆転するかもしれない。志賀ちゃんの文章って、なんか勢いないよね、とか言われて。

また、「文才」は、「訓練前の段階で垣間《かいま》見せた圧倒的な資質の高さ」みたいな神話とも無縁だ。

たとえば、音楽やテニスの世界では、「モーツァルトは、はじめてピアノに触わったときすでに、耳で聴いたすべての音を鍵盤上で再現することができた」とか、「五歳のときにはじめてラケットを振った○○のスイングを見て、コーチ歴二〇年の〇〇氏は、「言葉を失った」だとかいったみたいな、天才誕生エピソードが、各所で、まことしやかに語り継がれている。

が、文筆の世界では、そういうビギナーズミラクルは、原理的に発生しえない。言葉は、それほど万人にとっての普遍的なツールであり、思考の前提だからだ。

つまり、こと文筆の世界にかぎっていうなら、「才能」は支配的な要素ではないということだ。あくまでも観察の結果、説明的に付加される、あとづけの勘定《かんじょう》項目にすぎない。

それでもなお、人々は、美しい歌を歌う人間には、歌の才能が宿っているというふうに、何かの結果を「才能の物語」として描写することを好む。特に、若い人たちは、その種の「傑出《けつしゅつ》した才能」のエピソードに、ロマンチシズムを感じるように条件づけられている。

が、実際のところ、才能という形のある実体が歌を生産しているわけではない。美しい歌を歌う人間の中に、世間が勝手に「歌の才能」を仮定しているだけの話だ。

美しい歌は、訓練を積んだ人間が、経験と技巧を凝らした結果として生まれている。当たり前の話だが。

世間の基準では、一度でも良い文章を書いたことのある人間は、その時点で「才能」があるというふうに仮定される。

そこまでは良い。

では、次の機会に彼が文章を書いたときに、その文章が不出来だったとする。

この場合、どう考えるべきなのだろう。

彼の才能は「ニセモノ」だったのだろうか。

彼は才能を「喪失」したのだろうか？　あるいは彼の才能は「枯渇《こかつ》」したのであろうか。

それとも、彼は、突発的に良い文章を書く才能は持っていても、持続的に良質な原稿を生産し続けるタイプの才能を持っていなかったと、そういうふうに説明すべきなのだろうか？

いずれも間違っている。

原稿の出来不出来は、原稿の出来不出来にすぎない。われわれは、原稿みたいなテンポラリーな制作物を基準に、才能の有無《うむ》みたいな、決定論的な何かを語るべきではないのだ。

別の考え方をすべきだ。

つまり、ある人間が良い原稿を書くためには、いくつかの条件を満たす必要があるというふうに、だ。

良い原稿を書くためには、一定の技巧が不可欠だ。また、良いテキストには読み手を納得させるに足るアイディアが含まれていなければならない。これらとは別に、書き手の労力が費やされていなければ、文章は像を結ぶことができない。技巧のない書き手は、どんなに良い話を持っていてもそれを良質のテキストとして結実させることができないし、意欲を高く保ち続けることのできない書き手は、最終的に、原稿を読める水準の作品として着地させることができない。

私は何を言いたいのであろうか。

説明する。

要するに、唯一の有効な才能は「モチベーション」だという、そのことを私は言おうとしている。

技巧は決して枯渇しない。

技巧は、訓練によって身につけることができる。しかも、一度身につけた技巧は、ほとんどまったく失われない。

サッカーにおける「ボールタッチ」と同じだ。

ついでなので説明しておく。サッカーの世界では、「三つのＢ」ということが言われる。Ｂの頭文字ではじまるサッカーの三要素に相当するもの、すなわち「ボールタッチ」「ボディバランス」「ブレイン」だ。

もう少し詳しくいうと、「ボールを扱う上での技巧」を意味する「ボールタッチ」と、「身体的なコンディションと体力」を意味する「ボディバランス」と、「ゲームを運営し、プレイを選択するアタマの良さ」を意味する「ブレイン」の三つだ。

で、これらの三要素のうち、子どもたちを対象にしたサッカースクールでは、当面「ボールタッチ」が最重要視される。というのも、ボディバランスやプレインが、年齢や状況によって劣化したり失われたりしがちな要素であるのに比べて、ひとたび身につけたボールタッチ（技巧）は死ぬまで離れないものだと考えられているからだ。

アイディアもまた枯渇しない。

というよりも、そもそもアイディアは「枯渇」したり「自然発生」したりするものではない。単に書き手がそれを見つける努力を傾注するかどうかの問題だ。あるいは、ここには若干「天からの授かり物」という意味での「才能」が、関わっているかもしれない。アイディアは、見える者には見えるし、見えない者には見えない。そして、アイディアを見る眼を持った者の眼そのものは、やはりけっして「枯渇」しないのだ。

つまり、書き手にとって唯一コントロール可能な資質は、「モチベーション」

なのだ。

このことは、モチベーションを高く保つことができれば、その人間の才能（良質の原稿を生産する能力ということ）は、けっして失われないということであり、逆に、モチベーションをなくしたライターは、結局すべてを失うということでもある。

その昔、とてもおもしろい文章を書いていた書き手が、ある時期を境《さかい》に、すっかり凡庸《ぼんよう》な物書きに変じてしまうというケースは、実は、けっして珍しくない。それどころか、トリフィックな書き手のエキセントリックな文章が、一〇年以上そのクォリティーを維持することのほうがむしろレアケースだったりする。また、デビューから三作目ぐらいまで、スリリングな傑作を書き続けていた作家が、あるとき失敗作をものして以来、一〇年ぐらい低迷してしまうといった展開も、これまたよくある話だ。

こういう場合、読書界の人々は「才能が枯渇した」という言い方をすることが多い。

でも、本当のところ、枯渇しているのは、「才能」ではない。

「技巧」が錆《さ》びたのでもない。

「アイディア」が尽きたのでもない。

問題は、書き手が「モチベーション」を喪失したというそこのところにある。

書くことに慣れた書き手は、ある時期から、修業時代のような真剣さで原稿用紙に向かうことができなくなる。なんとなれば、はじめて自分の原稿が活字になったときに感じた天にも昇るような嬉しさは、二回目からは徐々に減っていくものだからだ。

ある時期に執筆のエンジンになっていた「自分を認めない世間への怨念《おんねん》」も、時の経過とともに摩滅《まめつ》していく。

というよりも、世間への怨念みたいなものを燃やし続けることのできる書き手がいたのだとしたら、おそらく、彼はその怨念によって身を滅ぼすことになる。

とすれば、いずれにしても若い無名な書き手が持っていたモチベーションのうちの八割は、彼が若く無名な貧しい人間でなくなったときに、失われなければならないものなのだ。

なんともやっかいなことだ。

名声を獲得し、豊かな生活を享受した主人公が、若い頃に持っていたひたむきさを失うというストーリーは、スポーツの世界によくある定番の展開だが、原稿書きの世界でも、基本的な構造はそんなに違わない。

むしろ、われわれの世界はもっと極端かもしれない。

というのも、書き手を「先生」と呼んでおだてあげる風潮は、サッカー界や野球界より、文壇のほうがより顕著であり、しかも、この世界には鬼コーチやこわい監督や、アタマの上がらない少年時代の先生みたいな存在が見あたらないからだ。原稿書きの世界で、ひとたび「先生」扱いに昇格した人間は、ほぼ無敵な存在になる。実態としては、文章を書くのが上手だという、偏頗《へんぱ》な職人であるにすぎないにもかかわらず、彼は「世界」を解釈する権利を獲得し、日本を叱る立場に立ち、世間に説教を垂れる存在にばけたりする。


さて、冒頭に近い部分で、モチベーションないしはやる気について、出すものではなく、「出てくる」ものだという意味のことを書いた。

それはその通りだ。

とはいうものの、どうやってモチベーションが出てくるのかというと、ここには不思議な背理《はいり》があずかっている。

書くためのモチベーションは、書くことによって維持される。

ということだ。

モチベーションを、有限の資源みたいに思うのは、間違いだ。

モチベーションは瓶《びん》の中の液体ではない。

使ったらその分だけ減るというようなものではない。

むしろ、定期的に搾乳《さくにゅう》しないと生産をやめてしまう牛の乳や、汲《く》み出し続けないと涸《か》れてしまう井戸みたいなものだ。

この三カ月ほど働きすぎたから、モチベーションの在庫が切れたとか、そういうふうに考えるのは失敗だ。

むしろ、モチベーションは、三カ月書かないことによって、枯渇する。そういうものなのだ。

アイディアの場合は、もっと極端だ。

ネタは、出し続けることで生まれる。

ウソだと思うかもしれないが、これは本当だ。

三カ月何も書かずにいると、さぞや書くことがたまっているはずだ、と、そう思う人もあるだろうが、そんなことはない。

三カ月間、何も書かずにいたら、おそらくアタマが空っぽになって、再起動が困難になる。

つまり、たくさんアイディアを出すと、アイディアの在庫が減ると思うのは素人で、実のところ、ひとつのアイディアを思いついてそれを原稿の形にする過程の中で、むしろ新しいアイディアの三つや四つは出てくるものなのだ。

ネタは、何もせずに寝転がっているときに、天啓のようにひらめくものではない。歩いているときに唐突に訪れるものでもない。多くの場合、書くためのアイディアは、書いている最中に生まれてくる。というよりも、実態としては、アイディアAを書き起こしているときに、派生的にアイディアA'が枝分《えだわ》かれしてくる。だから、原稿を書けば書くほど、持ちネタは増えるものなのである。

モチベーションは、そこまで簡単なものではない。

書けば書くほどやる気が出るのかというと、やはりそうはいかない。一定の量の原稿を書くと、どうしても、書いた分だけの疲労は蓄積する。つまり、モチベーションは、書きすぎると、枯渇するわけだ。とはいえ、書かないでいると書かないことによる枯渇が訪れる。

ダブルバインドだ。

1. 最も安定的な執筆モチベーションは、原稿を書く「習慣」そのもののうちにある。つまり、毎日原稿を書くという習慣が、人をしてものを書かせているのだ。その意味で、コラムニストは、サラリーマンが毎日電車に乗ることや、主婦が毎晩夕食の支度《したく》をするのと同じように、日々の生業《なりわい》として、特に大げさに考えずに、粛々《しゆくしゆく》とテキストをタイプせねばならない。悪くいえば惰性《だせい》で。

2. 一方、そうはいうものの、ルーチン化した原稿は、ときに書き手の意欲を奪う。なんとなれば、先行きのわかりきった原稿は、どうにも書き起こすのが面倒なテのものだからだ。

結論：書く時間やスケジュールや量については、習慣としてルーチン化したほうが良い。一方、テーマについては、あまり型にハメないほうが良い。と、そういうことですね。

今回は、予告通りに、書くことができなかった。

モチベーションそのものについての話には、ほんの少ししか触れられなかった。むしろ、才能や、アイディアについての話のほうによりまっとうな中身があったかもしれない。

それだけ、モチベーションはむずかしい相手だということだ。

モチベーションと原稿の関係についての話はなんとか話すことができる。

モチベーションの性質について書くことも、そんなに困難ではない。

でも、肝心要《かんじんかなめ》の、「いかにしてモチベーションを保つか」については、結局、私はいまに至るもまるでうまい結論を見つけられずにいる。

それが見つかっていたら、三カ月も延ばさずにすんでいた、と、この落とし方は、あんまり見えすいていて本当はイヤだったのだが、仕方がない。だって、とってもきれいに落ちるから。


追記：今回、どうして私がこの原稿を脱稿できたのかについて書いておく。

ミシマ社を訪問する約束ができてしまったからだ。

状況は以下の通り。
1. ミシマ氏から電話：うわあ、ごめんなさいという感じ。
2. 今後について打ち合わせをしたい、と：だよね。当然だよね。
3. 打ち合わせのタイミングと場所について電話で話しているうちに、つい、自由が丘まで自転車を飛ばすプランに心が動く：ええ、木曜日にでも私が顔を出しますよ。はははは。

4．まさか手ぶらじゃ行けないだろ？：と、そう思うと、あらまあ不思議スラスラと書き進むではありませんか。

そう。行きづまったら、視点を変えてみるべきなのだ。

原稿は、自分のためにでなく、誰かのために書いたほうがうまく書ける場合がある、と。

あるいは、カネのためでもメンツや義理や生活のためにでもなく、あくまでも原稿それ自体のために、だ。

あえてきれいな言い方をすれば、だが。


次回の予告はしない。

淡々と、粛々と、なにごともなかったように、毎週登場する、そういう人で、私はありたい。

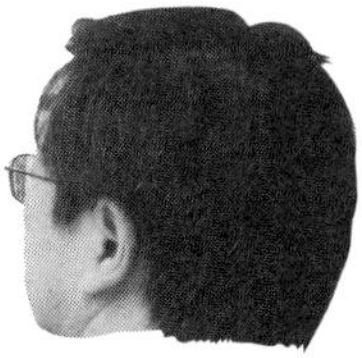

第六回

書き出しについてのあれこれ

2009年10月28日

今回は「書き出し」について書く。

と、あえて芸のない書き出しを採用してみた。

どうだろうか？

これといって不満はあるまい。

さよう。書き出しはどうであってもたいした問題ではないのだ。どんなふうに始められたのであれ、流れ出してしまえば、文章はじきにひとつの運動体になる。初動がどんな言葉でスタートしていたのかなんてことは、読者が文章のリズムの中に引き込まれる頃には、忘れられている。つまり、結論を先に述べるなら、書き出しに芸は要らないのである。

別の言い方をすることもできる。

してみる。

「書き出しにおいて最も重要な要素は、書き出すというアクションであって、書き出した結果ではない」

いかがだろうか。奇をてらっているように聞こえるだろうか。

でも、読む側の目で見れば、書き出しは、最初の数行であるにすぎない。いずれにしても、書き手がこだわっているほど重要な要素ではないのだ。

仮に不味《まず》い書き出しというようなものがあるのだとして、そのダメな書き出しで始められた文章があるのだとしても、その数行先で地の文がドライブしはじめているのなら、それはそれで味になる。何の問題もない。

そう。抵抗感のある書き出しや、違和感のある書き出し、あるいはとってつけたような書き出し——すべてアリだ。なんとなれば、「書き出しがすべてを決定する」という格言は、文章のマエストロを詐称《さしょう》する嘘つきが、素人を脅迫するために発明した呪《のろ》いにすぎないからだ。


とはいえ、書き出しの一行目がうまく決まらないために、どうしても書き出せないでいる書き手は、実は、少なくない。

しかも、そういうふうに〝書き出しイップス〟に陥《おちい》っているのは、案外、一定の文章力を持っている人々に限られていたりする。


どういうことなのであろうか。

なぜ、書ける人は書き出せないのだろうか。

その前にまず、良い文章を書くために必要な能力について考えてみよう。良い文章を書くためには、ふたつの相反する素養を備えていなければならない。ひとつは、個性。もうひとつは普遍性だ。

まず、ものを書く人間は、独自の視点を備えていなければならない。くわえて、ユニークな語法と独特な技巧を持っているべきでもある。当然だ。誰が書いた文章なのか区別もつかないようなら、記名原稿を書く意味がない。

しかしながら、ユニークであるということは、多かれ少なかれ、独善的であることを含んでいる。それゆえ、過度に個性的なテキストは、他人に理解されない。他人に理解されるようなものは個性とは呼ばない——という見方もないではないが、常識的には、過度に個性的な個性はキチ◯イである、と申し上げねばならない。われわれはそういう世界に生きている。

例をあげよう。

「グァボバリゴマのスベラピリコがマッコリしてるんでゴベベだったぜ」

という述懐《じゅっかい》は、おそらく誰にも解読《かいどく》されない。猛烈に独特ではあるものの、ほとんどまったく他人の理解の届く言葉で書かれていないからだ。

つまり、他人に読まれるための文章には、一定の普遍性（あるいは「凡庸《ぼんよう》さ」と呼んでも良い）の範囲にとどまっていなければならない。より実態に即した言い方をするなら、良い文章は、九五パーセントの普遍性に五パーセントの個性を付加したぐらいのバランスの上に成立している。そういうことだ。

このことを別の方向から見ると、文章を書く人間は、書き手の頭を備えていると同時に「読み手」の眼を持っていなければならないということになる。これは、本来「推敲」についての論考の中で書くべき内容なのかもしれない。

とにかく、要は「自分の文章を、他人の眼で読んで批評する能力」を持っていないと、きちんとした文章は書けないということだ。

この能力も実は、ダブルバインドを孕《はら》んでいる。

具体的には、こういうことになる。つまり、スタティックな能力としては、「個性」と「普遍性」という二項対立で表現されるこの矛盾は、実践的な場面では「筆力」と「批評眼」の相克《そうこく》というカタチで表面化する。

書き手は、自分の文章を「批評的」に読まなければならない。この読み方がすなわち「推敲」だ。

それもそのはず、「推敲」というこの二文字は、「ここの動詞は『推《お》す』で良いのだろうか。それとも『敲《たた》く』を使うべきだろうか」と、中国の文章家が一文字の使い方で悩んだ故事から来ている。

で、書き手は、自分の文章を虚心に読んで、言葉の選び方や、論理の流れや、語調や展開について、批判的な眼でダメ出しをする段階を踏む。それをしないと推敲は進まない。

で、その「推敲」の力加減（何ラインごとに推敲をすべきなのか。あるいは、推敲は何回行われるべきなのか）については、あらためて別稿を立てることにする。推敲についてのあれこれは、コラムのような短い文章にとっては、たぶん、生命線であるはずだから。

推敲については、力加減の問題とは別に、永遠の課題がある。

「鋭い批評眼を持った書き手は、ときに自縄自縛《じじょうじばく》に陥る」ということだ。

自分の書いた文章を読み直してみて、まるで欠点が見出せないようでは、失格だ。が、たとえば一〇ライン程度の文章の中に、二五個も修正箇所を発見しているようだと、これは別の意味で致命的な問題を惹起《じやっき》する。

元々の文章がよほど欠点だらけであるのか、でなければ、批評が厳しすぎるのか、いずれかでなければ、こんなことにはならない。

ところが、こういう事態に陥る人々が実際にいるのだ。

直してばかりいて先に進めない書き手は、実は、非常に端正な文章を書く人である場合が多い。

が、そういう書き手は、プロの書き手としては通用しない。結果としてできあがってくる原稿が、いかに完成度の高い作品であるのだとしても、やはり職業的な書き手としてはやっていけない。第一に量が稼げないからであり、第二に身が持たないからだ。

たとえば、四〇〇字五枚程度の原稿を書くのに、丸二週間かけるような書き手がいる。それも、毎日六時間、ワープロに向かってエディットを続けて、だ。

こういう人は、文章の出来不出来に関係なく、書き手としては独立できない。

笑っている人がいるかもしれないが、こういう人は、実に多いのだ。

私の観察では、推敲が甘くて使いものにならない書き手より、推敲し過ぎてドツボにハマっている書き手のほうが多い。

批評眼が高すぎて、先に進めない人々。不幸な生まれつきだと思う。

思うに彼らは、完成度というものに対する自分の中のハードルが異様に高い。だから、ちょっとした欠点を見過ごすことができない。

欠点を含まない文章は、個性を発散できないということを、彼らはけっして認めない。

だから、五ラインごとに自分の文章を読み直して、軌道修正をし、その軌道修正をしたことによって微妙に狂ったバランスをとり戻すために、さらに二〇ライン戻って微調整をするのだが、それらの微調整の結果を受けて、全体のトーンを統一するためには、さらに四〇ライン前から読み返さないとならなくなり、そうやってバックステッチを繰り返しているうちに、彼は気づくのである。もういちどはじめから全面改稿したほうが良いということに。なんという空《むな》しい作業だろうか。

が、読者は、実際には、彼らが考えているほど、細かく読んでいない。九九パーセントの読者にとって、「きれいな夕日」と「美しい夕日」は同じものだ。誰も区別なんかしない。

とすれば、そんな言葉の違いについて推敲を重ねることは、無意味である以上に、有害だ、と、そう考えるようにしようではないか。

推敲については、ここまで。

書き出しについてだ。

書き出しは、書き手が最も神経質に推敲するポイントだ。

かなり無神経なタイプの書き手も、書き出しの数行についてだけは、やはり何度も読み直したり、何度も書き直したりする。

私自身、時々その状態に陥る。

が、実践的なアドバイスをするなら、書き出しの推敲は、やめないといけない。書き始めたら、少なくとも二〇ラインぐらいは、いっきに書いてしまうべきだ。でないと、船は永遠に出航できない。

仮に、自分がいま書いている数行がダメな書き出しであるのだとしても、捨てるのはずっと先で良い。

わたし自身のやり方を説明する。

私は、書き出しで悩むことはほとんどない。

書き出せないことはけっこうあるが、その場合問題になるのは、書き出しの数行が決まらないという問題ではない。どうしても集中できないとか、やる気が出ないとか、頭がまとまらないとか、そういう話だ。これは、これで非常に難しい問題で、私はいまだに解決できずにいる。


が、書き出しの数行についていうなら、話は簡単だ。

つまり、書いてしまえば良いのである。思い切りダサく。あるいは、紋切り型のいつものあいさつで。

それでも、どうしても最初の言葉が浮かばないときには、思い切り芸のない書き出しをあえて採用する。

たとえば、

「今回は、書き出しについて書こうと思う」

で十分。これ以上素直な書き出しはない。ということは、芸はないが、その芸のなさが幸いしている、と、そういうことになる。

こんなのもある。

「書き出しについて書き出すときの書き出しはどうすべきなのだろうか」

これも素敵だ。

頭の中の考えがそのまま出てきている。これはこれで使える。

「書き出しは文章の生命だという考え方があるが、私は賛成しない」

も良い。肝要なのは、見解の当否ではない。とにかく何かを言ったという実績だ。口火《くちび》さえ切れば、言葉はそれをきっかけに動き出す。

「余談だが」

もＯＫ。どうにもならない逃げ口上だが、逃げるという出発は実は最も普遍的なモチーフだからだ。

「いやあ、やる気が出ない」

「っていうか、何を書いたものか悩んでいるのだが」

「最初に言っておく。オレは書き出しにはこだわらない」

要は何でも、良いのだ。

どう書き出したところで、大差はない。

それでも、自分の書き出しがどうにも凡庸で、ありきたりで、ワンパターンであるように感じる瞬間はある。

私自身、ときに、それで悩む。

でも、気にせず書き進める。ここが大切なところだ。

書き出しの数行の出来不出来なんかより、きちんと話が流れていくのかどうかのほうがずっと大切なのだ。

で、話が軌道《きどう》に乗って、これなら読者が途中で投げ出すことはないだろうというあたりまで書き進めることができたと自覚したら、そこであらためて書き出しを読み直してみればよいのである。

極論するなら、書き出しを再評価するタイミングは、丸々一本原稿を書き上げてしまった後でも良い。事実、私は一〇回に一回ぐらい、それをする。

書き終えた後に、あとづけで、書き出し部分をつけ加える。

あざとい手法だが、有効な場合もあるからだ。

あまりにもヌラーっと書き始めてしまった自覚があるときは、やはり、いくらなんでもこの始め方はヌル過ぎるかなと思ったりする。で、そういうときは、どこでも良い。自分がすでに書いたテキストの中から、一番印象的なフレーズを頭に持ってきてしまう。

今回の例でいうなら、

「書き出しの一行目は、コラムを書き終えた後で、最後につけ加えるべきだ」

ぐらいのところを、冒頭に持ってくるわけだ。

なるほど。こうすると、ちょっと素敵かもしれない。

無論、文章作法としては、反則ではある。いつもこの手が有効なわけではない。が、文章は、作法を守るために書くものではない。読み手が読んでおもしろいように、そして書き手が書いていて退屈しないために書くものだ。とすれば、作法だのというものは無視するべきだ。

とにかく、書いたときの自然な展開を切り刻んで、自分のテキストを再構成する方法は、最後の手段として常に残されている。そう思えば、書き出しはますますもってどうでも良い。

いずれにしても、書き出しで悩むのは時間の無駄だ。どんどん、無神経に、だらしなく、あるいは唐突に、無思慮に書こうではないか。

書き出しに比べて、結末の一言はとても大切だ。

というわけで、最後に大切な一言をいうことにする。

また来週。

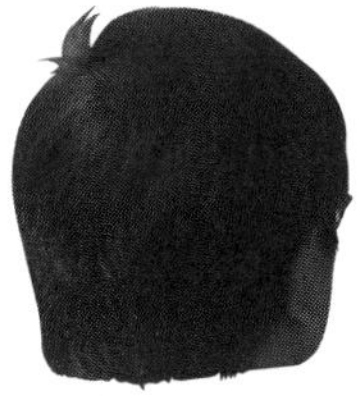

第七回

結末、結語、落ち、余韻、着地

2010年4月1日

フィギュアスケートや新体操のような採点競技では、結末が非常に大きな位置を占める。

途中がグダグダでも、細部がいいかげんでも、最後の着地がピタリと決まっていれば、良い点がつく。

むろん、熟練した採点者の目をごまかすことはできない。が、観客の目は、かなりの度合いで惑わすことができる。構成がデタラメで、ミスが目立つ悲惨な内容の演技でも、クルリと回ってピタリと着地してみせると、素人はコロリとダマされる。

「ああ、この人は本当の実力者だ」

「途中ちょっとマズいところがあったのは、あれはきっと不運なんだわ」

と。結果、観客の拍手は、採点官を動かす。

でなくても、書き手は、批評家のために原稿を書いているのではない。コラムの価値を決めるのは読者だ。だまされやすく、流されやすい素人の読み手――そういう人たちに向けてわれわれは文字をタイプしている。

が、バカにしてはいけない。素人が読むからこそ、手抜きはできない、と考えるべきだ。着地は、だから、きちんと決めないといけない。あざといほどピタリと、思い切り素人向けに、わかりやすく。

今回は、結末について考える。結語、落ち、シメの一言の見つけ方、あるいは幕の引き方、エンディングにおけるあらまほしき作法。スタティックな文章をダイナミックな大団円《だいだんえん》に導く手順、もしくは、動きのあるテキストに気品ある死をもたらす意味などなどについて。

前回、書き出しについての論考の中で、私は、「はじまりの一行にさしたる意味はない」ということを繰り返しお伝えした。どういうことなのかというと、書き手が警戒しなければならないのは、書き出しの完成度にこだわるあまり、書き始める手前のところで立ち止まってしまうことであって、逆にいえば、出来不出来がどうであれ、無事にスタートを切れたのであれば、その時点で、書き出しの役割は、ほぼ達成されているということだ。だから、こだわらず、恐れず、神経質になることなく、大胆に始めるのが正しい。おもむろに、闇雲《やみくも》に、無思慮に、せめて最初の壁にぶつかるまでの歩き始めのしばらくの間だけは、思い切り良く、大股で歩こうではないか、と、私は、書き出しの出来不出来については、極力寛《かん》大《だい》な見解を披露《ひろう》したしだいだ。

が、結末は別だ。

ペンを置いたことで、自動的に文章が完成するわけではない。面倒くさくなったところで、適当にやめてしまえば、それで結果がオールライトになるというものでもない。

書き始めにおいて重要なのは、スタートを切ることそれ自体で、歩き方のフォームやスピードについては特に気にせずともよろしい。完成度も。だが、結末において重要なのは、立ち止まることではない。どこに着地し、どんな余韻を残すのかが問われる。つまり、なにより技巧が重視されるということだ。とすれば、やはり、ここは、背中にイヤな汗をかくぐらいに真剣に取り組まねばならないのである。

ところで、「結末の一行は、全体の流れを受け止めたフレーズであるべきだ」

と考えている人はいないだろうか。

たぶん、たくさんいることだろう。

諸君の考えは間違いではない。というよりも、ほぼまったく正しい。が、正しくはあっても、現実的ではない。とすれば、それは、やはり、現実的には、正しくない。


文章作法の教科書には、「結末は全体を総括した一行であるべきだ」みたいなことが書かれているのかもしれない。ありそうな話だ。教科書を書く人々は往々にして無神経だからだ。彼らは、単に到達点を呈示《ていじ》してみせることで、生徒に方法を伝授したつもりになっていたりする。「こういうふうに打ってごらん」と、イチロー選手の写真を載せる。そうすることで、打撃技術の秘伝を伝えたというふうに思いこんでいるのだ。実に困った人たちだ。「結果としての理想のフォーム」を分解して、そこから有効な練習方法を導き出す作業は、本来なら教則本を書く人間の役割であるはずだ。少なくとも、読者の義務ではない。なのに、想像力を欠いた教師はメソッドを明かさない。高飛車《たかびしや》な師匠も、細部を明かさない。で、

「見て盗め」みたいなことを言う。刀鍛冶《かたなかじ》じゃあるまいし。見て盗めるくらいなら、誰も教則本なぞ読まないのに。だろ？

ともかく、やってみればわかることだが、現実的には、「全体を受け止める」ことと、「印象的な一行を書く」ことは、非常に両立しにくい作業なのだ。っていうか、ほぼ無理だと思う。テーマと媒体がおあつらえ向きで、しかも一定量の幸運に恵まれていれば「流れに沿った印象的な結末の一行」に到達することも不可能ではない。が、プロの書き手は、幸運をあてにすべきではない。

と、結局のところ、われわれは、「流れ」と「印象」のいずれかを選択せねばならないことになる。

どちらを選ぶべきなのだろうか。

ここは、書き手によって意見の分かれるところだ。

流れを重視する人々もいる。彼らは、自然に、素直に、浮き上がることなく、変にいじくりまわしたり、あえてフシをつけたり、あざとく技巧を凝《こ》らしたりすることなく、あくまでも粛々と稿をおさめるべきだ、と、そういうふうに考える。

常識的には、こちらが多数派だ。どこのカルチャーセンターの文章教室でも、素人が技巧に走ることを強くいましめている。

が、技巧に走らない人間は技巧を身につけることができない。

技巧に走って失敗した場合に結果が無残なことになることは、誰にだって見当がつく。

が、それでも、技巧に走らないと技巧は身につかない。

失敗は必ずしも成功の母ではないが、それでも、挑戦した上での失敗は、ときに教訓をもたらしてくれるという意味で、無意味ではない。

一方、失敗しないことは、成功の母ではない。

挑戦しない者は、失敗も成功もできない。

挑戦を続ける者は、たくさんの失敗と数少ない成功を経験することができる。

技巧は、この過程で身につく。

ん？　どこかのビジネス本みたいだと？

ビジネスのことは私はよく知らない。が、ビジネスにおいては、失敗は失敗の母で、成功の秘訣は失敗しないことで、失敗と失敗が性交をすると大失敗が生まれるのだと思う。だから、私の言っているコラムに関する原則は、ビジネスには適用できないと思う。

文章は、失敗が許される分野だ。どんな手ひどい失敗をしたところで、ダメなコラムで人が死ぬわけではない。会社の業績にアナがアクわけでもない。とすれば、コラムニストは、ビジネスマンよりもずっと失敗に対して大胆であらねばいけない。そういうことだ。

さて、自然に始めて、すんなりと流れて、円滑に終わって、それでオッケーな文章もある。

たとえば、教授に提出するレポートなどは、内容さえきちんとしていれば、特に結末にこだわる必要はない。

というよりも、大学の先生には、クルリと回ってピタリと立つみたいな、これ見よがしな技巧を嫌う人が多い。だから、結語に凝ることは逆効果になりかねない。さよう。彼らの世界（↑「いけ好かないアカデミズムの世界」ということだが）

では、無骨《ぶこつ》と不器用が誠実の証《あか》しであるみたいな、ある意味の武士道精神みたいなものがいまだに幅をきかせている。だから、けれんをひけらかしたり、技巧に走ったり、些末《さまつ》な表現に凝ったりすることは、何よりもいましめられているのである。

しかしながら、コラムニストは武士ではない。まさしく職人だ。われわれを動かしているものは体面や原理ではない。思想でもない。技巧。それだけだ。

であるから、「流れ」と「印象」のうちのいずれかを選ばなければならないとき、コラムニストは、なにより「印象」を選択すべきだ。武士じゃないから？そう。原理より実質。覚悟より結果。生き方より技巧。それが職人の覚悟だ。「全体を受けてはいるものの、凡庸《ぼんよう》な一行」と、「結末以前の流れとは無縁だが、フレーズとして魅力のある一行」があるのだとしたら、コラムを書く人間は、迷わず後者を採用せねばならない。

世間の書き手の多くは、「流れ」を無視することができない。

たとえば、スポーツ新聞の世界では、いつの頃からなのか、最後の一行を全体の要約で終える手法が蔓延《まんえん》してきている。これは、記者が「流れに沿った」終わり方を教え込まれてきたことの弊害のひとつだというふうに私は考えている。

「今夜、松井秀喜が万全の状態でスタメン出場を果たす」
「黄金の左足がサムライブルーを救う」
「宿命のライバルが、いよいよ最終決戦の舞台に臨む」
「遼のドライバーは米ツアーを制するのか」

といった調子。文章の最後に、記事のタイトル（それもヌルすぎて不採用になった分）そのままの要約じみた一行をつけ加える手法だ。

一種の思考停止だと思う。

終わりを終わりらしく見せるために、最後の一行に全体の要約を持ってきているだけだからだ。それもえらく機械的に。

まあ、時間がないのであろう。

新聞記者は、とんでもないスピードで原稿を書かされている人たちだ。三〇分で一〇〇ラインとか。ときには、しゃべる速さとそんなに変わらない速度で原稿を書きあげることを強いられるらしい。で、そういう中で、なんとか終わったっぽく見せないとならない場合は、バカのひとつ覚えで、見出しの要約を絶叫しておく。そういうことなのかもしれない。

この紋切り型には、成功体験の残像が介在《かいざい》しているのかもしれない。

今日、○○が○○に挑む。みたいなカタチで締めくくった原稿が、まんまとその選手の記録達成とシンクロして見事に落ちたときの快感を忘れることができない、とか。

あるいは､記者教育のプログラムの中で見本として読まされる「名記事」が､「○○が、○○する」のカタチで終わっている原稿だったぐらいな事情は大いにありそうだ。

「一本足の求道者は、今夜、前人未到の記録に挑む」

「力道山という物語が、いま新しいページを開こうとしている」

と、たしかに、昔の講談調の記事には、冒頭の主題を末尾の一行で繰り返して終わるみたいな、お決まりの着地点があった。定型主義。あるいは、型の美学。

が、この種の締めくくりが名調子と呼ばれるためには、主人公が長嶋茂雄や力道山みたいな古典的なヒーローである必要がある。それも、舞台がデカくないと映《は》えない。要するに、最後を動詞（↑しかも主人公の動作を持ってくる）で終わらせる結末は、日本シリーズとか、因縁《いんねん》の決闘とか、引退試合とか、その種の「クライマックス」を伴った場面でしか機能しないはずなのだ。

こんなものを日常的な記事の中で連発されてはかなわない。

というよりも、昭和の時代には名文であったかもしれないこの手法は、あまりにもたくさんの新米《しんまい》記者によって野放図《のほうず》に使われたおかげで、もはや手垢《てあか》まみれのベカベカなフレーズになってしまっている。そういうことだ。

おぼえておこう。動詞落ちは、四年に一度、ワールドカップの本戦ぐらいでしか使えない。

もうひとつ、「天声人語」みたいな新聞コラムや、月刊誌の編集長コラムみたいなところでよく使われる手口を紹介しておく。

「振り返ると、盛岡駅は、雪の中に滲《にじ》んでいた」

「戦災を乗り越えたその路面電車は、いまも広島の町を走っている」

「この空はアリゾナまで続いている。そう思いたい」

「今日は憲法記念日。晴れの特異日だという」

「いまも、目を閉じると、フロントガラス越しに手を振っていた笑顔が浮かぶ」

「真珠湾という美しい名前が、いつまでも美しいままであり続けることを祈りたい」

「カニが歩いている。彼は教えてくれる。前に進むばかりが人生ではない、と」

「行きづまったら、窓を開けよう。もちろん飛び降りるのではない。空を見るのだ。あの頃の夢が漂っているはずの、ずっと彼方《かなた》の空を」

「明日は二十四節気《にじゅうしせっき》のひとつ、啓蟄《けいちつ》。党内でも虫が動きはじめている」

「笑顔。高度成長期というひとつの時代を生きた男の笑顔だった」

「被災者のため息。これほど雄弁な言葉があるだろうか」

「死者にも誕生日がある。残された者は、それを忘れることができない。今日、神戸の町は、阪神大震災から一五回目の春を迎える」

まあ、アレだ、情景描写というやつだ。

文章の最後に、映像喚起的な一行を添えておく。と、文章全体に、叙情的な色彩が加わる。

これは、非常に効果的だが、同時にどことなく卑怯《ひきょう》な方法で、やりすぎるとイヤミになる。

とはいえ、ド素人には効く。特に年配の女性読者は、ひとたまりもない。

彼女たちは、「季節」を感じさせる言葉に圧倒的に弱い。結末でなくても、「金魚草」だとか、「つゆぐもり」だとか、「お水取り」だとか、そういう言葉をまぶしておくだけで、名文だと思ってしまう。どうしてなのか、細かいメカニズムは知らない。おそらく、日本人のある層の人々のDNAには角川の季語辞典がインプットされていて、その人たちは、季語が出てくるだけで感動するのだと思う。

使いすぎは禁物だが、困ったときには役に立つ。季語辞典を繰って、心に響いた季語で落とす。安易な手法だが、安易な分だけ評判が稼ぎやすい。そう。最後に季節の話を持ってくる終わり方は、純真な人々の心をわしづかみにする。私は滅多に使わない。使うとちょっと自己嫌悪を感じるから。ワンバウンドするカーブで三振を取ったときみたいな感じかもしれない。ズルいオレ。読者もなるべくならない。

なら安易に使わないように。これは、最後の手段、緊急避難の奥の手だからだ。シャブと同じ。使えば使うだけ芸が荒れる。いっそ忘れたほうが良いのかもしれない。

よく知られている作家さんに、この手の文章の名人がいる。名前はあえて出さない。悪口と受けとられると面倒だから。

この人の場合、冒頭の一行と結末にほぼ必ず植物の名前を入れてくる。

たとえば、

「雨上がりの鎌倉には、ガクアジサイの淡い色がよく似合う」

ぐらいな調子で書き始める。お話自体は、たいした話ではない。亡くなった友人の思い出。幼い日に見た虹《にじ》。白いボールが青い空の中に消えていくように見えたあの夏のグラウンド。酒場での会話。マスターの横顔。で、最後の着地点に、一輪挿《いちりんざ》しの花を配置する。

「百合《ゆり》は重すぎると言う人がいる。ぼくはそうは思わない」

ったく。何をいってやがるんだ、という感じだが、これはこれで「名文」ということになっている。情緒纏綿《じょうちょてんめん》の美文。たしかに女を口説くのは巧《うま》そうだ。彼女たちは、絵の思い浮かぶ話に弱い。

コラムニストが目指すべき結末の一行には、名人直伝の植物ネタも含まれる。何でもアリ、だ。百人百様、書き手の個性に応じて、いろいろな結末のつけ方がある。

何で落とすのであれ、大切なポイントは、「印象」だ。

きれいな景色を目の前に見せるのでも良い。印象鮮烈な言葉を大書するのでも良い。あるいは、意外な逆説を呈示して、読者を惑わせるのでも良い。とにかく、何か、地の文章の流れとは別の、音楽でいう終止符に似た何かを演出することだ。

結末の一行は、コラム全体とは別個な、ひとつの作品だと思ってかかれば良い。その意味で、結末は、おもしろいフレーズでさえあれば、木に竹を接《つ》ぐカタチであってもかまわない。

かろうじてつながっていれば良い。

もちろん、結末の一行のために、その前の九九行があるわけではない。それは本末転倒。

が、読者の目で読んでみて、冒頭からの九九行が、末尾の一行で、くるりと逆転するように見えたら、それはそれでひとつの芸にはなる。

だから、結末は、必ずつけたほうが良い。

失敗していても、だ。

結末で笑いをとりにいって失敗したり、しゃれた警句を振り回したつもりでスべっていたり、もってまわった仕掛けで落とした後の読後感がどうにも寒々しかったりと、そういうことは実はよくある。

というよりも、こちらが万全の構えで落としたつもりでいても、読者のうちの三割かそこらは、

「うわっ、サムっ」

ぐらいにしか思っていなかったりするのかもしれない。

でも、それでも落とすべきだと私は思っている。落ちていなくても。

なぜなら、読者は、落とそうとした努力だけは汲《く》んでくれているのではなかろうか、と、そういうふうに考えているからだ。落ちていなくても、だ。

「あーあ。オダジマは、落ちをしくじったな」

「ありゃりゃ、なんだろうね、今回のシメは。まるでキレがないな」

と、そう思われたのだとしても、

「あれ？　これで終わり？」

「っていうか、これ、全然着地してないんだけど」

と思われるよりはマシだ、ということだ。転倒でもアタマを打っても骨折でも何でも、最後は回って見せろ、と、少なくとも私はそう考えている。なんだか芸人魂みたいだが。


最後に、落とすときのコツを伝授する。

もちろん、うまく落ちるとは限らない。

が、かまうことはない。

必要なのは、落ちることではない。落とそうとしている努力を読者に見せることだ。

たとえば、文章の半ばぐらいのところで、ヨハン・クライフのエピソードにさらりと触れておく。で、閑話休題《かんわきゅうだい》で、本筋《ほんすじ》に戻って、最後の一行で、クライフの言葉を引用して終わる。と、なんだか、ものすごく行き届いた原稿であるみたいに見えたりする。うまくすれば、だが。

制作過程の種明《たねあ》かしをすれば、文章は、普通にはじまって普通に終わっている。書き手は、結末に何か良いセリフはないものかと思案する。と、クライフが、素敵な言葉を残していたことを思い出す。で、この言葉を結末に持ってくることにする。とはいえ、サッカーの話でもない原稿の最後にいきなりオランダのサッカー選手が登場するのは、あまりにも唐突だ。だから、前半部分で、それとなく顔を出しておいてもらう。と、それだけの話だ。そう。クライフのエピソードはあとづけの挿入。でも、読者にはわからない。彼らはアタマから順番に読む。制作順に読むわけではない。

結論を述べる。

結末の一行は、ちょっとした名台詞《めいせりふ》みたいなものでも良いし、きれいな情景でも良い。あるいは、地口《じぐち》やダジャレであっても良い。捨て台詞でもかまわない。呪いであってさえ。

要は、その末尾の一行が、独立したワンフレーズとして読んでも鑑賞に堪《た》えるものであれば良い、ということだ。

とっておきの一行が、とってつけたみたいに、あまりにも浮いていたら？

そのときはそのとき。その一行が浮かないための工作を施《ほどこ》しにかかる。具体的には、途中に伏線を張ったり、縁語をちりばめたり、魔法の接続詞（「ところで」のことだが）を動員する。あるいは、あえて浮いたまま放置する。これはこれで、ときにひねくれた読者の琴線《きんせん》に触れることがある。

さて、当稿の締めは、大変に難しい。なんとなれば、原稿の締め方について教えを垂れたその原稿の締めくくりである以上、理想的な締めの一言を、見本として提示してみせるのが筋だからだ。

うむ。非常にハードルが高くなっている。飛び越えられるだろうか。緊張する。

こういう場合は、いっそハードルをくぐるのもひとつの見識だ。さよう。撤退する勇気、ってヤツだ。勇気と正反対の態度に勇気という名前をつけて納得させる方法と言い換えてもよろしい。殴りつける優しさ。ウソをつく正義。頑張らない介護。粋《いき》な別れ。つまり、芸のない終わり方をすれば良いということだ。

また来週。とか（笑）。

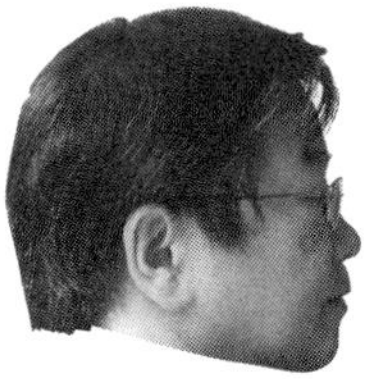

第八回

コラムにメモはいらない？

2011年8月3日

メモにはふたつの効用がある。ひとつ目は記憶を定着させる効果、もうひとつは記憶を呼び覚ます作用である。

記録者は、経験や思いつきを書き留めるに際して、紙の上に手書きの文章を記すことで、アタマの中に浮かんだ内容を整理し、より強固な形で刻印する。

一方、適切に記録されたメモは、書き留めた時点で書き手が考えていた内容を、読んでいる者の眼前に正しく再現してくれる。

であるから、メモをとることに長《た》けた取材者は、漫然《まんぜん》たる記憶に頼って原稿を書いている書き手と比べて、常に数倍量の情報とアイディアをストックしておくことができる。

なんだか素晴らしい話に聞こえる。

正しいメモの取り方を習得すれば、明日から諸君のコラムは見違えるほどビビッドになる……てな調子で、自己啓発関連のビジネス本は、最初の数行の間で空中にパイを投げることになっている。ほら、あのパイを追いかけて行けば君たちはどこまでも高い場所に到達できるのだよ、と。

しかしながら、本稿は自己啓発のためのエクササイズではない。ビジネス畑のものほしげな読者のために出版される手柄顔《てがらがお》のテキストでもない。

私が書いているのは、コラムというきわめて非効率な工芸品の制作過程について考察するリアルな文章だ。

であるからして、冒頭で並べたメモについての文言は、割り引いて受け止めていただく必要がある。

冒頭の数行は、原稿の書き手が、常に理想的なメモを書き続けている場合にだけ実現する、いわば、絵に描いた餅《もち》だ。

しかも、メモが所期の機能を十全に発揮するのは、原稿のジャンルが「取材した結果を展開するタイプの文章」すなわち、ルポルタージュやジャーナリスティックな記事である場合に限られている。

コラムはジャーナルではない。

われわれが目指すところの書き物は、事件報道でもなければ、現場報告でもない。

コラムニストは、滅多に取材をしない。

むろん、自分の足で現場を歩いたり、自分の耳で他人の言葉を聞く機会がないわけではないが、そういう場合でも、コラムニストは、それらの取材結果を、ありのままに書くだけでは満足しない。彼は、取材した事実そのものとは別に、角度を変えた批評や考察を書き加える。でなければ、取材結果をネタに別のストーリーを紡《つむ》ぎあげようとする。そうしないと、コラムを書いたことにならないからだ。

つまり、コラムニストにとってのメモは、ジャーナリストにとってのそれとは違って、生命線というほどの重みを持ってはいないということだ。

が、実際問題、原稿を書く稼業の人間が、メモをとらずに生活する姿は想像しにくい。というのも、徒手空拳《としゆくうけん》でワープロに向かうのは、やっぱり不安だからだ。さよう。メモは、気休めにすぎないのかもしれない。が、この気休めは必要な気休めなのだ。

私自身は、けっこうマメにメモをとる。が、そのかなり膨大なメモは、コラムを書くにあたって、ほとんど役に立ったためしがない。ここが不思議なところだ。それでも、私はこつこつとメモをとる。これもまた不思議ななりゆきだ。

アイディアは突然やってくる。

たとえば、自転車に乗っていると、目の前の景色の変化に触発される形で、実にいろいろな考えが脳裏を去来していく。ほとんどは他愛のない独り言のようなものだが、ときに、斬新なフレーズや新しい発見が「降りてくる」ことがある。おお、こいつはおもしろいぞ、と、その時点で、少なくとも本人はその発見に心を奪われている。

ところが、自転車の車輪が次の信号待ちで停まる頃には、アイディアは揮発《きはつ》している。あんなにあざやかに思えた思いつきが、きれいに記憶から消えているのだ。しばらくの間、思い出そうとしながら走る。

でも、思い出せない。

で、彼は、ある決意を抱く。自転車の前カゴに手帳を常備するのだ。そして、思いつきが消えないうちに、ブレーキをかけてメモ帳をとり出して、簡単なメモをとる。面倒だが、こうするほかにアイディアをつなぎとめる方法はないからだ。

こんなケースもある。

ベッドにはいって、眠りに落ちる寸前に、おもしろいネタを思いつく。でも眠い。半醒半睡《はんせいはんすい》の甘美な時間だ。じきに眠りに落ちる。はたして、翌朝目覚めると、何もおぼえていない。何かおもしろいことを思いついていたというかすかな感触だけが残っていて、内容はすべて消えているのだ。悔しいではないか。

翌日から、彼はメモを枕元に常備することにする。で、眠りそうになる身体をひきはがすようにして起き上がり、灯《あか》りをつけ、メモをとって、眠りに落ちる。

ところが、そのメモが、なんということだろう、読んでみると、どうにもつまらないのである。

わざわざ自転車を停めて書きとめた構想も、眠い目をこじ開けて記録したショートストーリーも、醒《さ》めた目であらためて読み直してみると、凡庸《ぼんよう》きわまりないクズネタなのである。

寝入りばなのアイディアがつまらない理由はある程度はっきりしている。一般に、入眠に至る過程において、人は批評眼から先に眠りに入るケースが多いからだ。ということはつまり、ベッドの中にいる人間は、批判能力を欠いているのだ。コラムニストが目覚めているとき、彼の批評眼は、健全に機能している。それゆえ、凡庸なアイディアは自動的に却下される。

「ふとんがふっとんだの応用系で、ざぶとんがぶっとんだというのはどうだ？」ぐらいな思いつきは、脳裏に浮かび上がった瞬間に、〇・五秒で捨てられる。が、半醒半睡の夢うつつの境界領域を漂うコラムニストの批評眼は、すでに眠りに落ちている。

と、「ざぶとんがぶっとんだ」は、秀逸なアイディアであると判断される。

自転車に乗っている人間が、自分のアイディアを買いかぶりがちであることについてもよく似た事情があずかっている。

自転車をゆったりと走らせて街の景色を眺めているとき、サドルの上のコラムニストは、とても機嫌が良い。

しかも、景色に反応しがちな彼の思考は、散漫になっている。

と、「サルトルとシリトリって似てるよな」程度の地口が大発見として自覚されることになる。

結局、メモは、ある程度落ち着いた環境で、注意深く書いたものでないと、あとで読んで役に立たないということだ。あたりまえの話である。

さてしかし、皮肉なことに、われわれがメモをとりたいと思うのは、もっぱら「あわてている」ときだったりする。具体的には、食事中にどんどん新ネタが浮かんでしかたがないときや、誰かと話していて、次から次へと話題が移り変わっているようなとき、ライターの心中には、それらのそのうたかたの思いつきがその場かぎりの笑いの中で消えていくことを惜しむケチくさい根性が宿るのだ。

で、彼はメモをとる。ものすごいスピードで、「アタマのスピードに手の速度が追いつかないぜ」といった調子で、若干の陶酔感すら感じながら、キーワードだけを、デカい字で、殴り書きに書きまくるのだ。

常に取材手帳を手放さない腕利《うでき》きの記者や、インタビューを専門とする書き手は、それは素晴らしい速度でメモをとる能力を身につけている。

彼らに話を聞くと、実際、メモは録音テープよりも頼りになるツールであるらしい。ベテランになるほどその傾向が強い。彼らは録音に頼らないのだ。

「録音は、単なる確認用です。メモのほうが要点が整理されてますから」

なるほど。さすがに専門家だ。

が、コラムニストのメモは、彼らのメモとは少し性質が違う。

一番大きな違いは、ジャーナリストのメモが記事の骨格として採用されるのに対して、コラムニストのメモが、多くの場合コラムのネタにならない点だ。

さよう。コラムは、メモとはまったく別の地点に着地することが多い。

そういうものなのだ。

私のメモは、なぐり書きであるくせに、微妙に要点を外している。

はやい話が、「メモのとり方」についてミシマ社で打ち合わせをしたときに私が書き留めていたメモ（↑もう一年近く前になる）が、このたび、まったく陽《ひ》の目を見なかったという一点を見ても、メモの信用性が低いことがおわかりいただけるだろう。

件《くだん》のメモの中で、私は、断片的な単語を一〇個ほど書き留めている。で、そのすべてが、現時点で読んでみるとまったく意味不明なのだ。

「出川《でがわ》的名声」

「ウェブと枚数」

「完結性」

「アンチ需要と反対者」

「リンクの功罪」

なんだこれは？　出川のどこに名声があるというんだ？　あるのだとして、その不可思議な名声の何がメモのとり方と関連しているんだ？

打ち合わせは、盛り上がっていた。

「この線でイケるでしょう」

などと、大いに納得しながらメモを書き飛ばしていた記憶もある。

が、いまメモを見ても、私には何もわからない。

要するに、無意味だったということだ。

もちろん、毎回こんなふうに完全に意味不明なわけではない。執筆の前日に草稿段階でつくったメモなどは、相当にラフに書いてあっても、少なくとも自分にはよくわかる。

でも、執筆前につくったメモの想定通りに着地することはまずない。

というよりも、告白すれば、メモそのままのコラムができあがる場合、そのコラムは、どうにも出来が悪いのである。

ここが、取材記事とコラムの違いだ。

取材記事は、取材時の努力と情報収集が反映されていなければ良い仕上がりにはならない。

が、コラムの場合は、執筆時の瞬発力がメモの内容を蹴飛ばすようでないと、意外性を発揮することができない。

コラムを書く人間の頭脳は、原稿を書くときに一番優秀に働くことになっている。

私の場合、原稿を書いている間の二時間から三時間は、知能指数が二割ぐらいアップしていると思っている。

別の言い方をするなら、事前に用意したメモより秀逸なアイディアが、執筆中に浮かぶようでないと、コラムは成功しないということでもある。

すぐれた歌手は、観客の前でないと本当の実力を出さない。リハーサルでは音程さえとれない。が、本番のステージでは、見違えるような歌唱を披露《ひろう》する。

本物のスラッガーは、紅白戦ではヒットすら打てない。けれども、観客の入った本番の試合では、一流の投手の一番難しいタマを軽々とスタンドに弾《はじ》き返すことができる。

コラムニストも同じだ。

メモを超える原稿を書かないと、彼の稼業は成立しない。

では、コラムニストはメモをとる必要がないのかというと、それはまた別の話で、メモは、やはり必要だと私は考えている。
どういうことなのかというと、歌手にボイストレーニングが必要であり、四番打者にも素振りの習慣が欠かせないのと同じ意味で、原稿を書く者にも、本番とは別のルーチンワークが必要だということだ。

結果として原稿に採用されるネタの多くは、机に向かって原稿を書いているときにアドリブとして浮かんでくるものだ。
が、その発想のモチーフは、実は、自転車での小旅行の道中や、入眠前の考えごとの中で発案されたものなのだと私は考えている。おそらく、それらの、メモに結実しなかった軽微な思いつきは、脳の中の普段は手の届きにくい部分に根雪《ねゆき》のように沈殿《ちんでん》していたのである。

メモは、ゴルファーにとっての素振りのようなものだと考えて、ぜひ無駄と思わずに、なるべくこまめに書くようにしよう。

一〇年後に見ると、確実に笑える。

ほとんどまったく一言半句《いちごんはんく》意味がわからないからだ。

年月が経過してもきちんと意味が読みとれるメモをとるために、独自の訓練を積むという考え方もそれはそれで悪くはない。

が、そういうメモがとれるようになった人間は、たぶんジャーナリストになってしまう。

私の見るところ、それは格落ちということになる。

第九回

文体と主語（その１）

２０１１年８月10日

「文体はどうやって身につけるのですか」

という質問を投げかけられたことがある。

とある教室でのことだ。

どう答えたのか、正確には覚えていない。おそらく、

「身につけるものではない。備わっているものだ」

ぐらいな返事をしたのだと思う。どうせそんなところだ。とっさに出てくるレスポンスがその人間の身体性であり、人は天性から外に出ることはできないわけだから。

さてしかし、この回答は、質問の答えになっていない。急場をとり繕《つくろ》うリアクションとしてはなかなか上出来だが、生徒を前にした先生の回答として評価すると、いかにも誠実さを欠いている。後進に道を示す立場の者が、はぐらかし方の巧みさを誇っているようではいけない。

そこで、今回は「文体」について考えてみることにする。

あらためて読みなおしてみると、

「身につけるものではない。備わっているものだ」

といううこの陳述は、実のところ、そんなに間違っていない。結論部分についてのみいうなら、まったくその通りだといっても良い。少なくとも文体は、書き手がターゲットとしてその習得を目指したり、努力の結果として体現するに至る対象ではない。その意味で、特定の文体を身につけるために訓練を積むという考え方は、そもそも前提として間違っている。

ジョン・レノンは、

「人生とは、それとは別のことを考えている間に過ぎて行く時間のことだ」

という意味のことを歌にして歌っている（"Beautiful Boy"より）が、そのデンでいけば、

「文体は、文体とは別の何かを身につけようとする過程の中で、おのずと身についているものだ」

ということになる。

その「別の何か」を明確にすることができたら、今回の講義は成功ということになる。

そうなれば良いのだが。

その前に、まず「文体」という言葉の定義を明らかにしておく。

文体は、英語でいえば「style」になる。私はこっちの言い方のほうが好きだ。というのも、「スタイル」は、誤読する余地の少ない、ストレートな言葉だからだ。そのまま、ニュアンス通りに、「文章のスタイル」と受け止めれば、まず間違いが生じるおそれはない。

その点、「文体」には、やっかいなオーラがつきまとっている。「オーラ」すなわち、「実体を誇大に見せかける虚像」が、だ。

「文体」には、明治以来の国文学が営々と築いてきた固陋《ころう》な文芸臭と、文壇由来のムラ意識みたいなものが拭《ぬぐ》いがたくまとわりついている。「文体が」と、老大家がこの言葉を口にすると、曰《いわ》く言いがたい、美学芸術の奥義《おうぎ》みたいなものが、発語の余韻として畳敷きの湿っぽい部屋いっぱいに反響することになっている。文芸的ミスティフィケーション（神秘化）。幾多の若い書き手を呑み込んできた自意識の泥沼《どろぬま》だ。こういうものに惑わされてはいけない。「文芸」という言葉を聞いたら、ポケットからハンカチを取り出して、その中にそっと唾《つば》を吐《は》くことにしよう。私はそうしている。ハンカチは捨てる。なあに三〇〇円で自意識が救えれば安いものだ。

「文体」は、「文章のスタイル」というふうに、日常の言葉に開いてしまえば、なんのことはない、それだけのものだ。

考え方にスタイルがあり、歩き方にスタイルがあるように、洋服の着こなしには固有のモードがある。同様にして、文章の書き方にも、人それぞれの方法と特徴がある。それだけの話だ。とすれば、洋服の着こなしや歩くときの足の運び方がそうであるように、「スタイル」は、訓練して身につけるようなものではない。自分自身に対して誠実でありさえすれば、知らず知らずのうちに身についている、そういうものだ。

歩き方を意識しながら歩く人間の歩き方は、どうしても不自然になる。外見を気にしすぎる若者が選ぶ服は、彼または彼女の天性を裏切って、奇矯《ききょう》さか、でなければ過度な凡庸さの上に着地する。結局、歩行のスタイルは、歩く際のフォームそれ自体をではなく、目的地を見据えて歩く者の身体に、一定の距離を歩いた経験がもたらすリズムとしておのずから身につくものだ。しかもそれは歩行者が天性として備えている固有の歩幅や、歩く道の勾配《こうばい》や、景観や天候の如何《いかん》に呼応して、時々刻々変化するものでもある。

「文体」が、なにやら深遠な文芸的テーマとして、一般読者の関与の及ばない密室で語られてきた背景には、わが国において、武芸百般が「極意」を神秘化することで命脈を保ってきたという歴史がある。具体的には、「秘伝」の習得を人格陶冶《とうや》の過程にオーバーラップさせることで、師匠の絶対性と家元制度のピラミッドを正当化し、技能の到達段階を「免許」として売買することで、技芸そのものを「道」という形で「利権」化するシステムが……ということの見方は、あまりにも底意地の悪い観察かもしれない。それに、本稿の本題と直接には関連がない。だから、これ以上はいわない。

でも、以下のことは強調しておく、「文体」は「奥義」でも「極意」でもない。結果にすぎない。なるほど、足跡には、歩いた人間の歩行のスタイルが表現されているかもしれない。が、足跡のつけ方を研究することから逆算された歩行法が、自然な人間の身体移動のしぐさとして肉体的に運営されえないのと同じく、文芸愛好家によるひねこびた文体論を学習することから身につけた人工的な文体は、文章のスタイルとしてマトモに機能することはできない。そういうことだ。

本題に入る（↑いまさらかよ）。

私は、個人的には、文体の問題は、半ば以上は主語の問題であるというふうに考えている。すなわち、主語をどうするかによって、文体はおのずと決定するものので、逆にいえば、主語が定まらないと文体は定着することができないということだ。

何度も繰り返してきた通り、文体は習得するものではない。結果として宿っているところのものだ。であるから、文体は、原理として、学ぶことができない。そういうことになる。しかしながら、一方において、文体の半ば以上を決定するのは主語であり、その主語は、書き手の意思によって選択することができる。ということは、主語の運営次第で、文体は選択可能だということになり、主語をきちんと理解して使いこなせば、ある程度文体を向上させることができるという結論にならないだろうか。

なるかもしれない。

やってみるまではわからないが、試してみる価値はありそうだ。

といったところで誌面が尽きた――というこの言い方は、媒体がウェブであるかぎりにおいて、ウソくさい。っていうか、ウソだ。正直にいう。根気が尽きた。続きは来週に持ち越すことにする。主語の選び方と、その使い方。実質的な文体運営法になれば万々歳。乞うご期待。ではまた。

第十回

文体と主語（その2）

2011年8月18日

文体を歩き方になぞらえるなら、主語は靴《くつ》に相当する。どんな靴を履《は》いているのかによって、歩き方はおのずから変わってくる。頑丈《がんじょう》な靴を履けば歩きぶりは重厚になるし、サンダルを突っかけて歩く人間の足どりは余儀なく軽佻《けいちょう》になる。かように、靴の選び方は歩行の基礎的なリズムだけでなく、その俊敏さや踏破性にも影響を及ぼす。

よく似たなりゆきで、主語は、文章のスタイルを規定している。最初にどんな仁義を切るのかで、後の行動が制約されるように、文体は、発言の主体である書き手の名乗り方しだいで、ある程度決定してしまう。

ということはつまり、書き手は、靴を履き替えるように主語を使い分けることで、文体を自在に操作することができるのだろうか。

さよう。ある程度は可能だ。

「僕」で書いた文章を「私」視点で書き改めれば、それだけでコラムの印象はずいぶん違ったものになる。逆もまた然《しか》りだ。

が、主語は、書き手のアイデンティティーの表象でもある。とすれば、そうそう毎回違う主語を使うのは考えもので、早い話、書くたびごとに視点がブレる書き手は、読者の信頼を失う。多彩な文体といえば聞こえは良いが、主語がコロコロ変わる文章は、結局のところ、立ち位置や視点が定まっていないことの結果でしかないからだ。

さて、主語を定めることは、簡単な作業ではない。

理由は、なにより、日本語がそもそも主語と相性の悪い言語だからだ。

古文を学んだ者はよく知っていることだが、たとえば、『源氏物語』には、主語のない文がとても多い。

それゆえ、源氏を読む読者は、発言や動作の主体が誰であるのかを、文脈や、前後関係や、使用されている助動詞の種類をもとに、その都度、類推しながら読み進めなければならない。だからこそ、この、世界最古のパズルじみた長編小説は、東京大学をはじめとする難関大学によって、毎年のように試験問題として採用され続けているわけだ。

『源氏物語』の日本語が主語を省略している理由について、私が通っていた予備校の講師は、「要するに悪文なのです」と断言していた。卓見《たっけん》だと思う。が、別の理由もあったはずだ。どういうことなのかというと、おそらく、紫式部の時代の日本人は、主語を明示することを「はばかって」いたということだ。

貴人の名前を直接記述することを避けたという事情もあるのだろうが、それ以前に、古代の日本人は、主語をあけすけに書くこと自体を、破廉恥《はれんち》な態度だというふうに感じていたはずなのだ。

この「主語を明示することをはばかる感覚」は、現代にも引き継がれている。いまでも、「やまとことば」のたおやかさを重視するタイプの文章は主語を嫌う。であるから、短歌や俳句はもちろん、詩においても、主語は極力排除される。省略だらけの文脈から主語を類推し、関係を把握し、空気を読み、余白を想像力で埋めることで書き手の意図を読みとる能力が、すなわち国語の読解力であるとする思想が、われわれのうちには古来から連綿と伝えられていて、そういう言語感覚を信奉している古い日本人は、何であれ、あからさまに表現することを、一貫して軽蔑してきたのである。つまり、原始の日本語は裸足《はだし》だったということだ。

このことは、英文の翻訳をやってみるとよくわかる。

英語は、その構造上、必ず主語を明示(命令文や、会話の断片でないかぎり)することになっている。

だから、真正直に訳すと、文章が主語だらけになるわけで、翻訳者は、自分が直訳した断章を読み直して、その文体の押しつけがましさに驚愕《きようがく》する。

「私は学校に向かって歩いていた。私が歩いているときに私が気づいたのは、私の通学用バッグの中に教科書がはいっていないことだった。私は驚いて即座に私の家に戻る決意をかためたのだが、そのときに私が時計を見たことによって、すでに八時過ぎであることが私の脳裏に定着し、それゆえに私は同時に迷うことを開始したのである」

わたし私わたし。まるで自我狂だ。

で、推敲する。具体的には、あえて記述するまでもなく「私」が主語であることがはっきりしている場面では、極力、主語を立てないように調整する。

「学校に行く道すがら、ふとカバンの中に教科書を入れ忘れたことに気づいた。

引き返そうと一度は思ったのだが、時計を見るとすでに八時を過ぎている。私は迷った」

ごらんの通り、ずっと日本語らしくなる。

主語について語るに当たっては、新聞についてもひと通りの説明をせねばならない。

一般に、新聞の記事は、主語を明示しない。読んでみればわかる。どこにも書き手の顔が見えないように書かれている。

文法的に主語が欠落しているわけではない。新聞における主語は、事件や、取材対象や、為替《かわせ》レートが担《にな》うことになっているということだ。記者は、「われわれは菅直人を支持しない」と書く代わりに「菅政権に対する不支持が広がっている」と書く。「私は被災地を取材した」とは書かない。「被災地は困難に直面している」と書く。要するに、書き手が語る形の文体は採用しない構えになっているのである。

新聞の文体が主語を用いない理由は、やまとことば由来の主語排除要請とは少し違う。

記事、特に社説では、一人称複数の「われわれ」「わたくしたち日本人」「国民」といったあたりの公共的な主語が暗黙のうちに想定されている。別の言い方をすれば、新聞は社会の木鐸《ぼくたく》であり国民の公器であることを自覚しているということだ。それゆえ、新聞は、特定の個人が書いているのではない設定になっている。だから、記事は、「暗黙の公的な主語」のもとに、書き手を明示しない形で執筆、印刷、配布、購読され、社会的に共有される。文責は、記者個人でなく、新聞社に帰する。そういうことになっているのだ。おそろしいことに。

欺瞞《ぎまん》といえば欺瞞だ。

が、当稿の眼目は、ジャーナリズムの欺瞞を追及するところにはない。

ここでは、新聞の文体が、ある洗練の極にある旨を指摘するにとどめる。善し悪しはともかくとして、あれはひとつの発明だ。

「なりゆきが注目される」「動機は不明としている」「幅広い議論を要望したい」といった、これらの新聞独特の言い回しは、受動態の語尾を用い、伝聞の体を装い、あるいは不特定多数の願望を投げかけることで、見事に主語を回避している。

おかげで、新聞社の人間はひとつの特集記事を、複数の記者のペンで、パラグラフごとに手分けして書く離れ業をやってのけることができる。それもたった数時間のうちに。素晴らしい。

私自身、一時期、新聞社の系列の出版社で無記名の原稿（記事文体）を大量に書いた時期があって、あれはあれで、勉強になったと思っている。とにかく、紋《もん》切型《きりがた》には「何も考えない」という偉大な知恵が宿っている。

が、コラムは、主語なしでは成立しない形式だ。

というよりも、連載第二回目の原稿の中ですでに述べた通り、主語を持った（つまり、文責が個人に属している）文章だからこそ、それは新聞の紙面の中で、「コラム」として別枠に囲われているのであって、コラムニストは、どうあっても、主語を確定しなければならない。『素晴らしいアメリカ野球』（フィリップ・ロス著、中野好夫・常盤新平訳、集英社文庫、絶版！）の主人公、スポーツ・コラムニストのスミティが担当していた新聞コラムのタイトルが「男の意見」だったのは、偶然ではない。コラムというのは、結局、一人の名前と顔を持った人間の個人的な意見なのである。

さて、現状、書き手が選びうる人称代名詞は「私」「俺」「僕」の三者にほぼ限られる。表記には多少のバラつきがある（ひらがなに開く人もいるしカタカナで書く場合もある）ものの、結局のところ、この三つの選択肢から外れることはまずない。

「私」は、「俺」に比べて、フォーマルであり、文語的であり、より理知的で、建前的で、冷静で、ともするとときどった印象を与える。が、その一方で、全体としては成熟した人格を感じさせる。

引き比べて「オレ」は、より私的であり、口語的であり、カジュアルで、子どもっぽく、正直であり、本音を感じさせ、感情的であり、個人的であり、性急で率直で乱暴で気さくな人格を表現している。

「僕」は、その中間にある。

というよりも、「僕」は、時代的な問題をかかえている。乱暴な言い方だが、私の世代から見た印象からすると、「僕」は、一九八〇年代以降、なんだか信用できない主語になってしまっているのだ。進歩的文化人に特有な偽善臭。あるいはもっと率直に左翼臭といって良いかもしれないが、とにかく、そういう似非《えせ》インテリっぽい雰囲気が、「僕」からは、滲《にじ》み出（『僕って何』というイヤな小説があった）ている。おかげで、一九六〇年代から七〇年代にかけて、進歩派のインテリの主語の定番であった「僕」は、甘ったれた自分語りを予感させる困った主語になってしまっている。

私自身は、基本的に「私」を第一の主語としている。で、時々「オレ」を混ぜる。「ぼく」は使わない。理由は、どうにも中途半端だからだ。

私が「私」という主語を選んでいるのは、大げさにいえば、世界に対して、一個の「私」として（つまり、偏見のない理性的な人間として）対峙《たいじ》しようとする決意のあらわれということになる。

が、当然のことながら、全世界に対して常にニュートラルな姿勢を保つことは容易なことではない。

だから、時々「オレ」を登場させないと、バランスがとれなくなる。

「オレ」は、「私」の語っている建前や良識が、自分ながら窮屈になったときに登場する。こいつの言うことは、断片的でときに無責任だが、少なくとも正直ではあるということになっている。

が、その場その場の正直さは、一貫性を持たないし、ときには不謹慎でもある。だから、「オレ」は、あくまでも影の人格、影の主語、非公式な文体の地位に甘んじることになる。

最後に、「おいら」「オデ」「おれっち」「ボキ」「わたくし」「女王様」「矢沢」など、一般的な一人称と離れた主語を使う書き手について一言述べておきたい。

この種の、ひねくれた主語を使う書き手には、実は名文家が多い。彼らは、その気になれば端整な文章を書くことができる。普通の人称代名詞を使ったとしても、十分に個性的な文章を書くだけの力量（ないしはパーソナリティー）を備えてもいる。

にもかかわらず彼らが、あえて芝居がかった一人称を用いるのは、文章が、「芝居」である旨を告知するためだ。

「書き手」としての自分（「おいら」や「ボキ」や「女王様」）が、リアルな生活人として生きている「私」なり「僕」とは別の演劇的な人格であり、その「仮面」が書く文章は、生身《なまみ》のオレのリアルな感想とはちょっと違うんだぜ、ということを彼らは言外《げんがい》に匂わせようとしている。要するに、それだけ彼らは繊細なのである。書くという行為が不可避的に背負っている欺瞞やウソに対して、彼らは知らん顔をすることができないのだ。

原稿を書くということは、多かれ少なかれ自我の分裂を含んでいる。正直に書いたつもりの原稿が他人を傷つける場合もあるし、逆に誠実であろうとする努力がほかならぬ自分の正直さをスポイルすることもある。発言の一貫性を心がければ議論が硬直してしまうし、率直さに重点を置くと結果としてダブルスタンダードに陥る。

自縄自縛《じじょうじばく》。

てなわけで、書き手は、主語の後ろに隠れる。

これはどうしようもないことなのかもしれない。

とにかく、どんな場合でもいえることは、自分が書いた原稿を、別の自分として読む眼を持っていないといけないということだ。

ということで、次回は推敲の話を書くことにしよう。

面倒くささとの終わりのない闘い。シジフォスの神話のごとき営々たる努力。

うむ。憂鬱《ゆううつ》な原稿になりそうだ。

第十一回

推敲について

2011年8月26日

「書く」という行為には「読む」過程が含まれている。もう少し細かくいうと、文章を書く人間は、具体的な手順として、作成段階の原稿を、必要に応じて何度も読み返しながらひとつずつ言葉を書き加える形で完成に持っていっている。その意味で、書き手は、あえて「推敲」という工程を意識的に設定するまでもなく、自分の原稿を、その作成過程において、何十回も読んでいることになる。

今回は、「推敲」について書く。

どうして推敲が必要なのか。推敲はどのようなタイミングで何回なされるべきなのか。推敲において心がけるべきポイントは奈辺《なへん》にあるのか。答えは必ずしも一様ではない。というよりも、見つからないかもしれない。が、考える価値はある。というのも、推敲は、「書き手による読みこなし」という一種の自己言及を含んだ、きわめて負担の大きい作業で、力加減を間違えると命とりになるからだ。実際、推敲にたずさわっている書き手は、鏡の中の人間のヒゲを剃るみたいなややこしい過程を経て文章の形を整えている。この作業は、へたをすると自我の分裂を招きかねない。

思うに、原稿を書く人間が、ときに拒筆発作《きょひつほっさ》に襲われるのは、推敲による自己分裂から身を守ろうとする本能のゆえ……というお話は、なかなかおもしろい筋立てだが、真っ赤なウソなので却下しよう。コラムニストは、その職業生活を通じて、原稿を書かないための理由を常に模索している存在だ。そういう彼の言うウソを、他人に言いふらすのならともかく、自分で信じてはいけない。

一度も書き直すことなく、すらすらと原稿を書き上げる書き手もいる。伝説ではそういうことになっている。

私の知っている例では、ドナルド・キーン氏が似たエピソードを書いている。記憶からの再現なので細部は曖昧《あいまい》だが、大筋はこんな話だ。

1．あるとき、ある劇場で三島由紀夫と同席した。

2．当時、キーン氏は三島の『近代能楽集』の中の作品を欧米の舞台にのせる（たしか、〝Long After Love〟というシャレた名前の舞台劇だったはず）ための翻訳作業に従事していた。

3．キーン氏は『近代能楽集』の中の短編が、いずれも欧米の舞台の常識からすると短かすぎることに苦慮しており、三つの作品をひとつにつなげられないものかと考えていた。

4．その話を三島にすると、三島は、作品Aと作品Bと作品Cをつなげるブリッジに当たる部分の脚本を、その場（観客席）で、サラサラと書き上げた。

5．手渡された原稿を見ると、ひとつの訂正箇所もない。

6．世の中には本当の天才がいるということを思い知らされたキーン氏は深いためいきをついたことだった。

なんだかイヤな話だ。

なので、私はこの挿話《そうわ》を信じないことにしている。同じ文章を書く人間として、こんなたわけた天才の存在を認めるわけにはいかない。

私は、こっちの話のほうが好きだ。

「イチローは試合の何時間も前に球場入りして、毎日同じメニューをこなし、入念なストレッチを繰り返している。そうした不断の努力の積み重ねが、偉大な記録を生んでいる」

さよう。「天才」は、人一倍努力をしていないといけない。そういう設定でないと、

われら凡人には立つ瀬がない。よって、

「天才はボールなんか見なくてもホームランが打てる」

みたいな話は、全力をあげてこれを退《しりぞ》けなければならない。冗談じゃない。

おそらく、真相は、
1．キーン氏が三島の天才ぶりを誇張した。
2．三島の中にはあらかじめ三作品合体の構想があって、ブリッジ部分の原稿はすでにある程度完成していたのだが、見栄《みえ》っぱりな三島は、いかにもその場で考えているふうを装いながら、サラサラと原稿を書いてみせた。
のいずれかであったはずだ。

私は2番だと思っている。三島にはそういうところがある。作為を見破られないためには腹さえ切りかねない。そういう男だった。


あらためて考えてみよう。作業段階で何度も読み直しているのに、どうして「推敲」というプロセスが別途必要なのだろうか。

理由は、「読む」ための頭脳と「書く」ための頭脳に乖離《かいり》があるからだ。

別の言い方をするなら、文章を書く人間には、「批評性」と「創造性」というふたつの異なった能力が必要で、それらのふたつの相反する資質を上手に運営しないと良い文章は書けないということだ。

うん。なんだか深遠な話がはじまりそうだ。

文章を「読む」ための「眼」は、公平で、常識的で、批評的で、理性的でないといけない。でないと正確な読解はできない。正しい評価もできない。

一方、文章を「書く」ための「アタマ」は、ときに独善に至るほどに独創的であらねばならない。「書く」アタマは、常識的な語法や保守的な見解を超えたところで動いている。でないと個性的な文章を生み出すことはできない。

と、上に挙げたふたつの資質は互いに反発し、否定し合う。文章を書いている過程では、その「反発」と「否定」が書き手にとって負担になる。具体的には、「創造性」が紡《つむ》ぎ出した言葉を、「批評性」が否定したり、「常識」の名においてなされた訂正に対して「感覚」がへそを曲げたりということが原稿を書いている間中ずっと続くわけで、これは、非常になんというのか、面倒くさい葛藤《かっとう》なのである。

しかしながら、「創造性」と「批評性」のどちらか一方が欠けても、すぐれた文章は書けない。

「創造性」だけで書かれた原稿は、なるほど独創的ではあるかもしれないが、ときに独善的に見えるし、度を越して斬新な文章は、そもそも人々に理解されない。結局、「暴走」ということになる。

といって、「批評性」の名において全面的にカドをとられた文章からは、独自性が姿を消してしまう。常識的で、平板で、保守的で、当たり前な、わかりやすくはあっても少しもおもしろくないどこまでも没個性《ぼっこせい》な文章。こんなものを書くくらいなら、はじめからコラム用の枠を求めるべきではない。築地《つきじ》あたりのカルチャーセンターにでも通って、就職面接用の小論文の書き方を勉強したほうが良い。教室では文章から個性を消す方法を教えてくれるはずだ。とても入念に。

さて、ことあらためて「推敲」をするということとは別に、書き手は、執筆を進める過程の中で、自分の文章を随時読み直したり書き直したりしながら原稿の行数を伸ばしている。

ここでは、執筆中に随時行われる推敲を、「修正」という言葉で区別することにする。

なので「推敲」は、完成した原稿をあらためて再読して書き改める作業にかぎって用いる。

煩雑なようだが、ここのところは区別しておいたほうが良い。なんとなれば、書きながら読むときの読み方と、書き終えてから読むときの読み方は、かなり性質の違った読み方で、そこにこそ「推敲」の秘密があるはずだからだ。

「修正」のあらまほしきタイミングと頻度について、答えは簡単にはいえない。書き手の個性にもよるし、書いている原稿の種類にもよる。同じ書き手が、同じタイプの原稿を書く場合でも、本人の体調や〆切の切迫度によって、読み返す頻度やタイミングは微妙に違ってくる。

ひとつだけいえるのは、過度に読み返す態度は良い結果をもたらさないということだ。

一行書いては読み直し、語調を整え、形容詞の語感をチェックし、前後のバランスに気を配り、消したり直したりしつつ、また新しい一行を書き足してははじめから読み返し……てなことを繰り返しているのは、書き手が良心的だからではない。単に乗れていないからだ。

乗れているときの書き手は、自分の原稿を読み返さない。三島ほどではないにしても、ほとんど手直しをすることなく、どんどん書き進めていく。もちろん、こういう機会は、頻繁に訪れるわけではない。が、この仕事を長いあいだ続けていると、ごく稀《まれ》に、奇跡みたいに筆が進む瞬間に遭遇《そうぐう》することがある。その時間は、ある昂揚感《こうようかん》をともなっている。幸福感と呼んでも良い。ライターズ・ハイ。何かが降りてきて、自分が天才になった感じ。悪くない。っていうか、素晴らしい気分だ。

問題は、乗れているときに書いた原稿の出来が、必ずしも素晴らしくないことだ。乗れているとき、書き手のアタマはスパークしている。普段より言葉数が多くなっている。若干独りよがりになっているかもしれない。ものの言い方がくどくなっている可能性もある。ともあれ、彼は言葉に窮することがない。どこまでも快調に、素晴らしいスピードで文字をタイプし続けることができる。ということはつまり、彼は「書く」ためのアタマになりきっているわけで、そのことは、とりもなおさず彼が批評的な態度を喪失していることを意味している。

だから、読み直してみると、彼の原稿は、「飛ばしすぎ」になっている。言いすぎで、しつこくて、独善的で、飛躍していて、要するに子どもっぽい。こんな文章は推敲抜きで人前に出すわけにはいかない。

推敲のタイミングについての正しい答えは、実にここのところにある。

結局、執筆中の書き直しや読み直しは、正式な「推敲」とは別だということで、どういう経緯で原稿が書き上がってきたにしても、「推敲」は、別途、別の時間に、別の形で読むという方法において、必ず必要だということだ。

乗れていないときの書き手は、書き直してばかりいる。というよりも、行きづまったライターは、自分が新しい一行を書き進められないことの言い訳として、修正作業に没頭（あるいは逃避）している。彼は、読み返しては直す永久ループに陥っている。

こういうときは、修正をやめるか、でなければ、書くことそのものを中断したほうが良い。で、日を改めて、あるいは場所を変えて、別のアタマになった上で、作業を再開する。うまくいかないこともあるが、うまくいく場合もある。いずれにしても、自分が無限修正地獄に陥っていると思ったら、いったん気分を変えたほうが良い。でないと、本物の失語症になる。


一方、乗れているときの書き手は、そもそも自分の原稿を読み直さない。アタマの中からどんどん生まれてくる新しい考えをタイプする（あるいは紙に書き写す）のに忙しくて、読み直しているヒマがないからだ。読み返したところで、彼のアタマは、「読む」モードになっていない。だから誤字すら発見できない。

こういうときは、勢いにまかせて書くのが良い。良いも悪いもない。書くほかにどうしようもないのだ。黙っていてもどんどん原稿が進むなんてことは、奇跡に近い幸運だ。その幸運に溺《おぼ》れない手はない。結果としてできあがってくる原稿が奇跡を含んでいるかどうかは保証のかぎりではないが、それでもライターズ・

ハイは幸福な経験だ。たとえ原稿がクズであっても。

結局、乗れている場合でも乗れていない場合でも、有効な推敲のタイミングは、「アタマが冷えてから」が標準になる。昔からの格言にある通り「恋文は翌朝読み直せ」ということだ。

乗れている書き手は、自分の原稿に恋をしている。とすれば、そんな人間に推敲ができる道理はない。彼は時間をおいてアタマを冷やさなければならない。

同じことを内田樹先生は「塩抜きをする」という言い方で表現している。つまり、「書き上げたばかりのもやもやした原稿は、しばらく時間をおいて形がかたまってから推敲する」ということで、これは、推敲する人間の側のモードチェンジを、原稿自体の経時変化に仮託《かたく》して言った修辞法だ。もしかするとこの言い方のほうが、自分の書いた原稿をより明確に対象化しているという意味で実践的であるのかもしれない。打ちたてのうどんは寝かせてから茹《ゆ》でる。書いたばかりの原稿は塩抜きをしてから推敲する。そういうことだ。

乗れていない原稿の推敲についても原理は同じだ。

乗れていない人間が書いた原稿は、恋する者が漏らした戯言《ざれごと》とは別の意味ではあるが、やはり気分が一定していない。とすれば、こういう原稿は、アタマが切り替わったタイミングで、別の目で読み直さないといけない。でないと、一貫したマトモな原稿に生まれ変わることができない。

というわけで、結局、推敲の要諦は、「時間をおく」というところに落ち着く。乗れていた場合でも、乗れていなかった場合でも、推敲は、書いているときとは別のアタマで、「読み手」として読む環境を整えた上ではじめないといけないということだ。

もうひとつ、ワープロを使っている書き手にとっては、「印刷する」という手順が、有効な手段になる。というのも、印刷した原稿は、自分の原稿を客観視するための適度な距離をもたらしてくれるからだ。

ワープロの作業画面は「書く」ためのフィールドだ。一方、原稿をプリントアウトした紙は、純粋に「読む」ための視野を提供してくれる。と、読み比べた結果は意外なほど違う。同じ原稿でも、液晶画面をスクロールさせて読んだ場合と比べて、印刷結果を紙で読み直すと、より大づかみに、読み手の速度で把握することが可能になる。

液晶画面で見ると、どうしても近視眼的になる。最終段階の推敲を、画面上だけで間に合わせる態度は、ぜひ避けなければならない。

最後に、はしごをはずすみたいなお話をせねばならない。

本稿で述べたいくつかの教訓は、現実的には、書き手の自己管理によってではなく、「〆切」という外部的強制によって果たされる。

たとえば、「執筆時に過度に読み直さない」態度は、「〆切が迫っていて、それどころではない」状況において、余儀なく達成される。

そうでない場合、つまり、〆切に余裕がある場合、気乗りのしない書き手は、修正に逃げる。であるから、原稿は、いつまでたっても完成しない。批評眼が先行しているタイプの完全主義な書き手の場合も同様だ。彼の原稿はいじくりまわしてばかりで、一向に前に進まない。そういう彼らの未練を断つために、〆切は、常に有効だ。多少残念な表現があっても、とにかく一行でも先に書き進めないと原稿が落ちるわけだから。

かくして、経験を積んだ書き手は、〆切の強制力に依存する態度を獲得する。つまり、「いま書き始めないと物理的に間に合わない」タイミングで書き始めることを常態化するのだ。そうすることで彼は過剰な修正癖や迷いを断ちにかかっているわけだ。

これは、うまくいった場合、かなりの省力化になる。

通常、〆切の三日前に書き始めた原稿は、完成までに丸三日を要する。そういうことになっている。が、同じ原稿でも、〆切二時間前に書き始めれば二時間で仕上がる。っていうか、そうしないと落ちる。だから、結果として仕上がるのである。あくまで、理論値だが。

こういう場合、はじめての「推敲」は、ゲラが出てからということになる。

で、ゲラを見て、ライターは驚くわけだ。

「オレは、こんな完成度の原稿を編集者にメール送信していたのか」

と。

なにごとも、程度問題だ。〆切圧力をあてにした瞬発力は、常に有効だとはかぎらない。失敗した場合には、非常に悲惨な結果を招く。やはり、〆切に余裕があっても無限修正癖に逃げない強い精神力を身につけるのが本筋ということなのであろう。

もうひとつの「乗れているときは読み直すな」というポイントも、実は、「〆切」によってもたらされる。

そもそも、ライターズ・ハイは、ある程度の分量を書き進めた結果(ないしは事故)として書き手に顕現《けんげん》するモードであって、いきなり天から降ってくるものではない。その意味ではランナーズ・ハイが、走った結果としてランナーに訪れる症状であるのと似ている。

ということは、ライターズ・ハイをもたらすものも、やはり「〆切」という強制が引き起こす執筆の実績なのである。

結論を述べる。

文章を書く人間は、〆切を恐れていながら、〆切に依存している。特段に意外ななりゆきではない。人は結局、自分を支配しているものに依存する。そういうものなのだ。

〆切についての格言は、主語を「カネ」に置き換えても成立する。われわれはカネを憎んでいながらカネを愛している。カネを支配しようと試みながらカネに支配されている。

推敲について書いているはずの原稿の結論が、どうして〆切についての言葉で締めくくられているのであろうか。

答えは、現在私がひどい〆切に追われて（自ら招いた事態だ。わかっている）いて、推敲しているヒマがないからだ。

ということで、失礼する。先を急ぐので。

次回は落ち着いて書きたいと思っている。

コラム道

PART 2

第十二回

すべては要約からはじまる

文章を書くことに慣れていない人間が、白紙の原稿用紙を渡されたときに抱く感情は、困惑というよりは恐怖に近い。あるいは、急斜面の縁《ふち》に立たされたスキーヤーの心境に似ているかもしれない。

この恐怖を克服する鍵は、「慣れ」だ。

文章にかぎらず、技芸の世界において、問題を解決する切り札はほとんどの場合、反復と熟練にある。あんまり当たり前なお話で、がっかりしたかもしれない。が、真実というのは、いつでも、びっくりするほど凡庸な姿をしているものなのだ。

今回は、初回ということで、はじめて文章を書く人間が、最初にぶつかる難題と、その解決策について書く。

最初の問題は、「何が問題なのかわからない」というカタチで書き手の前に立ち現れる。

初心者は、なによりもまず、自分が何をわかっていないのかということを知ることができない。と、当然、何をわかるべきであるのかもわからないし、どうすればわかるようになるのかもわからない。

お手上げだ。

「書き出し」をどうするのか。「文体」はどんなふうに決めるのか。「主語」には何を選ぶべきなのか。「構成」はいかにして考案するのか。「結論」はいつ提示したら良いのか。悩みはじめると疑問は無数に湧《わ》いてくる。

これでは、はじめの一歩すら踏み出すことができない。

苦行だ。

こういうとき、たとえば、ゴルフのレッスン書は、スタンスのとり方を解説するところからはじめる。

スタンスが決まると、以下、グリップ、バックスイング、振り出し、インパクト、フォロースルーと、ひとつずつ段階を踏んでフォームをつくっていく。まったくの初心者に、グリップとタイミングと体重移動と左サイドの壁をいっぺんに教えたら、彼は混乱してクラブを振ることができなくなる。だから、もののわかったレッスンプロは、スイングを細分化して、段階的にレッスンを展開するのである。

文章は、ゴルフのような、習得の困難な技芸ではない。深遠なものでもない。

ずっと自然で、日常の動作に近いものだ。

思い切っていえば、ふだんしゃべっている言葉を文字にして書く作業にすぎない。

とすれば、文章を細かい要素に分解することは問題を複雑にするだけで、初心者の学習にとっては、マイナスになる。

批評家が専業作家の文体を解析するようなときには、あるいは文章を要素に還元する手法が有効であるのかもしれない。

が、書き手が書くときには、単に書くだけだ。要素別に書き分けたりはしない。

たとえどんな専門家であっても、だ。

疑うなら、ムカデに尋ねてみると良い。

「そんなにたくさんの脚をどういう順番で動かしているのですか？」

と。

ムカデは答えるはずだ。

「誰がいちいち脚の順番なんか気にするもんかね。ヤツらはオレが動くのについてきているだけだよ」

文章も同じだ。文体や構成やレトリックが文章を動かしているのではない。それらは、文章の後を追いかける影のようなものにすぎない。

では、初心者はどこからはじめれば良いのだろうか。

以下、説明する。

文章を書く作業を思い切り大雑把にふたつの段階に切り分けると、「創造」と「描写」に分類できる。

ひとつ目の「創造」は、「書くべき内容を思いつくこと」すなわち「オリジナルのアイディアを案出すること」だ。

ふたつ目の「描写」は、「頭の中に浮かんだアイディアを書き起こす段階」に当たる。

で、初心者は、とりあえず、二番目の、「書き起こす」能力を身につけることからはじめる。これが最も効率的でシンプルなレッスン法だ。

というよりも、正直なところを申し上げるなら、一番目の「創造」の力は、単純な反復練習では身につかない。なんとなれば、創造力の半分は、その人間が生まれながらに持っている天性に由来するもので、残りの半分は文章修行とは直接に関係のない、より幅広い人生の経験がもたらすものだからだ。

さて、初心者が描写力を身につけるにあたっては、自分のオリジナルの考えを書き起こすよりは、すでにあるもの（ドラマでも、小説でも、映画でも何でも良い）を利用したほうが合理的だ。

理由は、先人の作品は、理路整然としていて、確固たる基盤を備えていて、優秀で、整理しやすいからだ。

引き比べて、自分の頭の中のアイディアは、不定型で、揮発《きはつ》性で、非論理的で、かげろうのように頼りなく、ある場合には言葉にさえなっていない。こういうものを相手にするのは、もっと確実な描写力を手にしてからでないとダメだ。どうにもならない。

たとえば、自分の好きなテレビドラマを、自分で決めた長さで要約してみる。

代表的な文字数としては、四〇字、六〇〇字、二〇〇〇字、四〇〇〇字ぐらい。それぞれ、まとめ方に工夫がいる。繰り返しているうちに、コツがわかってくるはずだ。

一七文字ぐらいに押しこむのもやってみると案外おもしろいかもしれない。いっそ、一四〇文字に丸めこんで、ツイッターに放流するテもある。

読者の目を意識することが書き手にとって非常に大切な要素である点を思えば、この方法は、有望かもしれない。

要約を書くことに慣れたら、感想を書いてみても良い。感想ということになると、これは、自分のオリジナルになる。一歩前進だ。

自分の考えをある程度自在に書き起こすことができるようになると、書くことは、ある日、苦役《くえき》でなく、娯楽になっている。こうなってくればしめたものだ。

ここで私が強調しておきたいのは、文章を書くことが楽しくなるのは、一定の技巧が身についた後の話だ、ということだ。

テニスでも、サーブが入らないうちはボールを打っていて楽しくない。

せめて、打ち返したボールの半分ぐらいはコートの内側に入るようにならないとゲームが成立しない。そういうことだ。

学校の作文が楽しくなかったという人は多いはずだ。

あれは、原理的に楽しくない。

そして、楽しくないということが、生徒の文章力を減退させている。

悪循環だ。

学校の作文が、生徒にとって負担なのはそれが「描写力」と「創造力」という、ふたつの能力をひとつの文章の中に求めているからだ。読書感想文がその典型だ。

生徒は、「オリジナルの感想を思い浮かべること」と、「思い浮かべた感想を正しく書き写すこと」の両方を求められる。

これは、初心者にはとてもキツい課題だ。

しかも、不幸な場合（というよりも、多くの場合かもしれない）、

「つまんねえ本だな」

とか、

「いけ好かない主人公だと思いました」

とか、

「まったく意味がわかりませんでした」

みたいな、教師受けの良くない「本当の感想」を抑圧して、

「ゴーシュの気持ちがとてもよくわかりました」

式のニセの感想を捏造《ねつぞう》しなければならない。

でなくても、学校の作文には、点数がつけられる。と、執筆の過程は、どうしても「小学生らしさ」や、「教師に気に入られそうな感想」の線上を意識した作業になる。

ということはつまり、学校の作文は「自分の思想や感情を思うさまに吐露《とろ》する」という、文章を書く上での最も原初的な楽しみをあらかじめ奪ったところから出発しているわけで、こんなことで、子どもたちが文章を好きになるはずはないのである。

技巧は、機械的に身につけるものだ。

創造的に身につけるものではない。

大切なことなのでもう一度書く。

技巧は、機械的に身につけるものだ。

そして、その機械のように正確な技巧が、繊細な創造のための道を開くのである。


ここでいう機械的というのはつまり、「単純で、反復的で、定型的な」メソッドをとり入れるということだ。

そのためには、他人の文章を要約するほうが絶対にうまくいく。

たいしておもしろくはないかもしれないが、効率的な方法で反復練習を続ければ、技巧はわりあいに簡単に身につく。

そして、一定の描写力が身についてしまえば、書くことは、おのずと楽しみになる。

とりあえずはこの境地を目指そう。

文章を書くことが苦手な人は、単に技巧上の劣等感に苦しむだけではない。彼は、自分の中にある思想が、自分の外に出ていかないことにより巨大なストレスを感じている。

悲しい話だ。

頭の中に素晴らしいメロディーが流れているのに、楽譜を書く方法を知らず、しかも、歌ってみたら音痴《おんち》なのだとしたら、彼の音楽は、ついに、誰にも知られずに消えることになる。

そうならないためにも、ひと通りの文章力を身につけることはとても重要なことだ。

最後に少し体験談を書く。

二〇代半ばの頃、私は、とあるラジオ局でアルバイトをしていた。主たる業務は電話番と「ニュースモニタ」だった。

「ニュースモニタ」は、一時間ごとの定時ニュースをノートに要約して書き写す仕事で、これが、今になって振り返ってみれば、とても勉強になったと、そういう話です。

アルバイトは、ラジオから流れてくるニュースを耳で聴きながら、その場で要約して大学ノート一行分の文章として書き記す。

たとえば、午後一時の定時ニュースで五項目のニュースが放送された場合、アルバイトは、五行分の文章を書くことになる。

「世田谷区で昼火事。木造住宅三棟、約二〇〇平米が全焼。死者・けが人はなし」
「衣笠《きぬがさ》祥雄《さちお》選手（広島カープ）に国民栄誉賞。野球選手では王選手に次いで二人目」

例をあげればこんな感じだ。

モニタのコツは、大学ノート一行分のスペースに過不足なくニュースの要点を書き留めるところにある。できれば、いわゆる「5W1H」が書きこまれていれば良いのだが、それが無理でも、固有名詞はキッチリと押さえておかなければならない。

このモニタのノートは、ラジオニュース部の棚に資料として蓄積される。後になって、録音テープを探すときのインデックスとして参照されることもあるし、報道企画のための元資料として再利用されたりもする。だから、ニュースモニタは、地味ながらもなかなか責任重大な仕事だったのである。

で、これが、アルバイト初心者は、おどろくほどヘタだった。

当時の学生アルバイトは、いずれも早慶東大あたりの一流大学の学生で、本来なら、一行程度の文章はすらすら書けなければいけないはずだった。が、手紙を書く習慣を失った最初の世代であり、といって電子メールの時代には一〇年早く生まれすぎた若者であるわれわれは、実に、文章の基礎ができていなかった。そういうことだ。

それが、一カ月もすると、たいていの学生は、ひと通りのモニタがとれるようになる。反復練習ということもあるが、「カネがかかっている」という緊張感（時給をもらっていながらいいかげんなモニタはできないということ）が尻を叩いていたのだと思う。

ともあれ、そんなこんなで、アルバイトの期限（六カ月で終わりという決まりになっていた）が来る頃には、隣のアルバイトと雑談をしながら完璧なモニタがとれるレベルの立派な技巧を身につけるに至ったわけなのである。

もっとも、われわれがニュースモニタを通じて身につけた一行ダイジェスト能力は、オリジナルの文章を書く能力ではない。だから、真の意味での「文章力」と呼ぶことはできない。

が、他人の文章（というよりも「ニュース」だが）を、耳で聴きながらその場で、ダイジェストする技術は、それはそれで有用な能力だった。私自身は、後々、自分の頭の中のもやもやした思想をダイジェストして表現する際に、大いに役立ってくれたという実感を持っている。

つまり、半年反復すれば、自分でも驚くような能力が身につくということだ。

うん。自己啓発の本みたいだ。

でもこれは本当のことです。

現在、若い連中の周囲には、あらかじめすべてが揃っている。ＰＣとインターネットと携帯電話があって、スマホまでが常識になっている。まるでサイボーグだ。で、メールがあって、ツイッターがあって、フェイスブックがある。しかも、生まれつきの能力であるみたいに誰もがタイプを打てる。

そういう意味で、いまの若い人たちの描写力は、私が若者だった時代よりも明らかに高い。これは、認めざるをえない。
うらやましいかぎりだ。
あとはたくさん読んでたくさん書けば、いやでも文章は練れてくる。
でもまあ、頭の中身が練れてくるのかどうかは、今後の生き方と放射能しだいだ。
健闘を祈る。

第十三回

裏を見る眼

世界には、二通りの人間がいる。妖精を見る人間と見ない人間だ。前者は、ふつうの景色の中に妖精が行きすぎる姿をありありと発見する。が、見えない人間には見えない。同じ瞬間に、同じ場面を眺めていても、だ。

ここでいう「妖精」は、ケルト民話に出てくる「この世ならぬ存在」を意味している。必ずしもディズニー製のキャラクターではない。美や純粋さの化身《けしん》と決まったものでもない。わが国の現実に即した語感でいえば、「妖怪」に近い。その、時折、森の中や古い屋敷の屋根裏に現れては、人間の世界にいたずらをしかけていく妖精たちについて、ケルトの人々は、それを見る能力を持つ者と持たない者がいるというふうに考えているという、そういうお話だ。

この話をしていたのは、司馬遼太郎だ。たしか、アイルランドについての紀行文の中でこの「妖精」のエピソードに触れている。正確な記憶ではない。なにしろ、私が当該のエッセイを読んだのは、三〇年以上も前のことで、それも月刊誌の連載ページ（週刊誌だったかもしれない）で瞥見《べっけん》したにすぎない。だから、こまかいところは覚えていない。

こういう記憶がコラムの種になるから油断ならない。記憶は、輪郭が薄れて、ほかの記憶とまぜこぜになった頃になってはじめて、利用可能なネタになる場合が多い。ということはつまり、若い頃の読書が収穫期を迎えるのは、四〇歳を過ぎて以降なわけで、とすれば、おっさんになった時点からさかのぼって若い時代の読書量を増やすことが不可能である以上、若い人たちは山ほど本を読んでおくべきなのだろう。読書の記憶は、二〇年の熟成期間を経て、まったく別の文脈の中によみがえる。よみがえるのは、必ずしも正確な記憶ではない。が、かまうことはない。記憶の混濁《こんだく》は、別の見方をすれば、オリジナリティーだからだ。

話を妖精に戻す。

司馬遼太郎の見解によれば、妖精を見る眼は、輪郭の裏側を見る能力に依《よ》っている。

普通の人間の目は、木々の形や、一枚一枚の葉っぱのフォルムを見る。ところが、ある種の人々は、木の枝の輪郭によって区切られた青空の形に注目している。と、それは、風が吹いて枝が揺れるたびに、めまぐるしく形を変え、あるいは、動き回り、明滅する。妖怪が出現するのは、そういう瞬間だ。

古来、ケルトにゆかりのある文人や詩人には、その「妖精を見る眼」を持った者が少なくない。『不思議の国のアリス』を書いたルイス・キャロルや、『シャーロック・ホームズ』の生みの親であるコナン・ドイルなどがその代表例で、彼らは、たびたびだまし絵を描き、また、大真面目に妖精の存在を主張していたという。

司馬遼太郎は、この「枝と枝の間の形を見る能力」について、特別な人間に授けられた特別な能力であるみたいな書き方をしていたが、私の思うに、形の裏を見る傾向は、必ずしも特殊な才能ではない。それは、能力というよりは、「クセ」に近いものだ。絵を描く習慣を持っている人間なら、誰もがある程度は身につけている。というよりも、物の形を正しくとらえるためには、ひとつの形を多様な見方でとらえ直す（重心の位置、比率、対照、面の構成などなど）「眼」の力が不可欠なはずなのだ。

風景を凝視していると、いくつかの「形」が重なり合っている部分に、別の「形」が見えることがある。デッサンをする人間は、この「形」を手がかりにして、絵を描き起こす。たとえば、頬杖《ほおづえ》をついている人物像を描くときに、腕の内側と首筋のラインがつくる空間から描き始める描き手も少数ながら存在する。

要は、同じ風景でも、注目する視点の置き方しだいで、別の形に見えるということで、だからこそ、すぐれた絵画芸術は、それを見る者に、画家の「眼」による視界の再構成というえがたい体験を提供するのである。


コラムについても、よく似た事情がある。

ある出来事について書くときに、その出来事そのものに注目するよりも、事実と背景が織りなす「形」に視点を移したほうが、事件の本質をとらえやすくなる場合があるということだ。

長いことコラムを書いていると、いつしか、物事の「裏」を見る習慣が身につく。と、あえてコラム用に理屈をいじくりまわさずとも、見た通りにものを書くだけで、自然とコラムの形式で文章が出てくるようになる。こうなればしめたものだ。

「方程式みたいなものですか？」

少し違う。

決まりきった方程式に陥らないための、視点のズラし方といったようなものだ。

妖精の見つけ方といっても良い。

あえてひねくれた見方をするべきだといっているのではない。実際には、特定の出来事について、いくつかの違った視点から眺め直す習慣を持っていれば、月並みな感想文を書くリスクから離れることができるといった程度のことだ。

とはいえ、これ（複数の視点でものを見ること）は、簡単なようでいて、現実にやってみると、かなり手間がかかる。なんとなれば、ひとつのまとまった文章を書くためには、そもそも「視点」（あるいは「考え方」）を固定する必要があるからで、複眼的な姿勢を保つことは、その文章をまとめるための書き方と矛盾しているからだ。

かくして、コラムニストは、複数の視点で観察しながら、ひとつの見識のもとに、ひとまとまりのコラムを書かねばならない。やっかいな作業だ。が、その桎《しっ》梏《こく》がコラムに緊張感をもたらしている。ここは、楽をしてはいけないポイントだ。複数の視点をひとつの論理の中に組みこむことができれば、たとえ観察自体が凡庸であっても、文章には一定の構成美が宿る。コラムには、その種の屈折（「あざとさ」という人がいるかもしれないが）が不可欠なのだ。

ひとつ、実例をあげよう。

塩谷某という俳優の「二股愛《ふたまたあい》」が話題になっている。報道されているところによれば、この俳優は、二人の女性と同時進行で交際しており、双方にプロポーズをしていたらしい。

で、彼は、先日、舞台稽古の合間に、報道陣の前で謝罪した。時事通信は、その「号泣謝罪」の模様を以下のように伝えている。

《号泣しながら報道陣の取材に対応した塩谷は、「この度は私事で世間を騒がせてしまいまして、本当に申し訳ありませんでした」と三秒間深々と頭を下げて謝罪した》

なるほど。

こういうネタを、型通りに処理すると、どう書いても品のないコラムができあがる。

二股交際を叱るのはあまりにも平凡だし、だからといって、擁護《ようご》するのもばかげている。本筋から離れて、メディアの取材ぶりに苦言を呈するテのテキストを書くのも、それはそれで白々《しらじら》しい。というのも、同じ話題で文章を書いている時点で、コラムニストもまた同じ穴のムジナだからだ。


こういう場合は、視点を変えないといけない。たとえば、

「塩谷某は、誰に向かって謝罪しているんだ？」

と考えるだけで、この事件の構造は、かなり違って見えてくる。

塩谷が謝罪するべき対象が、二股交際の当事者（ないしは被害者）であることは、本人はもとより、報道陣にだって本当はわかっている。とすれば、そもそも当件は、報道陣が塩谷にコメントを求めるスジの話ではない。

にもかかわらず、彼らが塩谷を追い掛け回しているのは、芸能マスコミの主たる機能が、「制裁」にあるからだ。

塩谷某自身も、殺到する報道陣の求めているものが「謝罪」それ自体でないことは、おそらく、理解している。

というよりも、そもそもマスコミは謝罪を求める資格を持っていない。あたり

まえだ。視聴者（あるいは「世間」）にしたところで、塩谷に謝ってもらわねばならない筋合いはない。謝ってほしいとも思っていない。

カメラの向こう側にいる「世間」が求めているのは「謝罪」そのものではなくて、「公衆の面前に謝罪する姿を晒《さら》す」ことによる「恥辱《ちじょく》」であり、その恥辱を媒介として達成される「制裁」だ。だからこそ、塩谷は「号泣」という形でそれにこたえざるをえなかったのである。なんという人民裁判。

してみると、この「号泣謝罪会見」は、メディアと塩谷の合作による一幕の芝居であって、二股愛の当事者とは何の関係もなかったということがよくわかる。もちろん、彼らが想定している「世間」ともまるで無縁だ。

謝罪に至る経緯が奇妙なだけではない。

方向も変だ。

塩谷は、二股愛の当事者にではなくて、「世間」に対して詫《わ》びている。

これは、スジとしておかしい。

というのも「世間」はむしろ喜んでいるからだ。この国の「世間」に暮らすすべての日本人が事態を歓迎しているわけではないにしても、少なくとも、「世間」を代表する設定で取材を敢行している芸能マスコミの面々は、このたびの騒動の恩恵を受けている人々だ。

とすれば、ネタの提供者である塩谷が、その享受者に謝るのはおかしい。

むしろ、威張《いば》ってても良いくらいだ。

「どうだい？　あんたらもオレのおかげで久しぶりに話題沸騰なんじゃないのか？」

と。

文言も変だ。

塩谷は、どうして「世間を騒がせた件」について謝っているのだろう。

理由のひとつとして考えられるのは、塩谷が反省していないからだ。要するに彼は、「自分が犯した罪」についてではなく、「世間を騒がせたこと」について謝ることで、「本当は謝罪なんかしたくない」ことを示唆している。

これは、塩谷の件に限らない。昭和の時代から脈々と続いている「世間をお騒がせして」という定番の謝罪会見に通底している態度だ。謝罪させられる人間は、自分が引き起こした不祥事に言及したくない。だから、謝罪するにあたって「世間を騒がせた件」というふうに、一段階遠まわしな表現で当該の事件に触れる。

さらにいえば、「世間を騒がせた」という表現の中に、「無駄に騒ぎ立てた報道に対する呪詛《じゅそ》」を読みとることも可能だ。

「この度は私事で世間を騒がせてしまいまして、本当に申し訳ありませんでした」

と塩谷は言っている。

つまり、塩谷にしてみればこれはあくまでも「ワタクシゴト」であって、プライバシーの範囲内のいざこざなのである。あんたら第三者が騒ぐことじゃないだろ？　と彼は言いたいわけだ。そりゃ、たしかに二股をかけたあの人たちには、いくら謝っても足りない。それはわかっている。でも、どうしてまるで関係のないあんたらにオレがアタマを下げなけりゃならんのだ？　おそらく塩谷はそう思っている。まあ、気持ちはわかる。

別の見方もできる。

塩谷は、謝罪のテンプレートを復唱しただけで、何も考えていないという説だ。私は、これが真相だと思っている。

謝罪するとき、われわれは、何も考えない。というよりも、謝罪は、判断の放棄であり、思考停止を含んだ全面降伏なのだ。われわれはただただ面倒くさいから謝っている。事態を終わりにしたい。その一心だ。

で、何も考えない人間が採用する謝罪文例集の代表格が、このたび登場した「世間をお騒がせして」になる。このテンプレートは、なかなかどうして味わい深い。

たとえば三つ星商事という会社があって、そこの社員のヤマダが、酔った上でのケンカで新聞沙汰になったとする。

ヤマダは、

「世間をお騒がせして申し訳ない」

と言って、謹慎《きんしん》が解けた日の朝礼の席で、土下座謝罪をする。

注目すべきなのはヤマダが謝罪している対象が、世間が騒いだことで被害を被《こうむ》った者、すなわち、一社員の不祥事によって会社の看板に傷をつけられた三つ星商事である点だ。

彼は、被害者に謝っているのではない。

世間に謝っているのでもない。

なによりもまず、組織の上位者に謝罪している。しかも、不祥事そのものについて謝罪しているのでもなければ、その被害について詫びているわけでもない。ただただ、組織の体面《たいめん》を傷つけたことについて謝罪を表明している。要するにこれは、社畜の謝罪なのである。

芸能人は、元来、フリーランスの存在だ。独立自尊の気概《きがい》と、不羈奔放《ふきほんぽう》な芸の力で世間を渡る一匹狼であるはずの者だ。

それが、謝罪という段になると、モロな組織の犬のカタチを踏襲《とうしゅう》せねばならない。逆にいえば、この国では、犬の姿勢をとらないと、謝罪という作業がうまく完結しないのだ。

悲しいことだ。

コラムニストは、犬になってはいけない。

よしんば獅子や龍になれないのだとしても、せめてネコかヘビぐらいのところで持ちこたえたい。いっそミミズでもモグラでも良い。とにかく小さな眼であっても、自分の眼で裏側を見に行く覚悟だけはかためておかねばならない。
険しい道だ。
が、報いはある。
うまくすれば、妖精を見つけることができる。必ずしも美しくはないが。

第十四回

長さとコラム

コラムの性質を規定しているのは、なによりもまずその長さだ。内容がいかに奇天烈《きてれつ》であり、手法がどんなに多様であるのだとしても、コラムは、最終的には与えられた行数の中で完結せねばならない。その意味で、文体や、結語や、主題の選び方や、構成立てを含めたすべてのコラムを書くためのあれこれは、行数という絶対的な枠組みに依存している。

以下、短めのものから長めのものまで、いくつかのサンプルを引用しつつ、コラムの手法の実際を見ていくことにする。

『日本駅弁図鑑100』（初出：「週刊プレイボーイ」二〇〇六年九月）

人生とは旅であり、旅とは人生である……と言ったのは中田英寿氏だったが、国際派のヒデが知らない場所にも道祖神《どうそじん》は佇《たたず》んでいる。すなわち、旅が駅弁であり、駅弁が旅であり、それゆえ人生がまるごと駅弁であるような浮き寝の暮らしへの憧憬《どうけい》が、わたくしども日本人の箱庭《はこにわ》な精神のうちには、脈々と流れている、と、そういうことだ。かくいう私も、長きにわたるインドア派の旅人であり、ご近所の放浪者であった。また、半径五キロを漂泊する百代《ひゃくだい》の過客《かかく》であり、毎晩、書斎内で Google Earth を立ち上げては魂を天外に遊ばせているインナートリッパーでもある。

そんな書斎派のトラベラーのために絶好のDVDが出た。その名も『日本駅弁図鑑100』。各巻に一〇個ずつの駅弁映像をおさめた、全10巻シリーズの本格駅弁全集だ。素晴らしい。

駅弁にはすべてがある。

風土と風俗。人情と義理と合縁《あいえん》奇縁《きえん》。名所旧跡とハコモノ施設。神話と伝説と嘘とハッタリ。お国自慢と名物珍味と便乗商売。それらすべての、観光地にまつわる聖俗ひっくるめた要素のことごとくが、四角い丸いあるいは八角の器のうちに所狭《ところせま》しと詰まっているのが、われらが懐《なつ》かしの駅弁なのである。

映像は、だから、いやがうえにも総花《そうばな》的になる。景勝地を訪れ、駅長のコメントを求め、駅弁達人に取材する構成は、なんだか西村京太郎サスペンスの前段のようでもあるし、幕の内弁当のレシピそのままであるようにも見える。たとえば、小倉無法松弁当の回では、「太鼓とバチに見立てたカマボコとゴボウ」の絵が、かき口説く調子のナレーションとともにいきなりアップで迫ってくる。旨いとか旨くないとか、そういうことを言うべきではない。旅は道連れ世はなさけ、膝の駅弁は心意気、である。うん。旅情、という言葉を、駅弁のない旅をしている、あの淋しい男に教えてあげたいなあ。

以上は、二〇字取り四〇ライン、四〇〇字詰め原稿用紙に換算して約二枚の原稿だ。おそらく、この長さがコラムとして与えられる場合の最短だ。

文章量からして、無駄話はできない。寄り道も不可能。一本道で結論に到達せねばならない。この長さのコラムでは、論理や内容よりもキャッチフレーズ的な決め台詞が力を発揮することを覚えておくべきだろう。

執筆にあたっては、構成をあれこれ考えるより、とにかく書き始めることを優先する。そして、推敲により多くの時間をかける。少し長めに書いて、最終的な行数に向けて文章量を削っていくほうが良い結果を生むかもしれない。大切なのはリズム感だ。声に出して読んでみる手順を忘れないように。

次は、五〇ラインほどの新聞コラム。これは新聞コラムにおける定番の長さだ。手法的にも定番。用語をあれこれいじって、最後に結語を持ってくるやり方だ。「天声人語」を意識しているわけではないが、どことなく似ている。一種の伝統芸なのかもしれない。

『重い槍予算』（初出：「社会新報」二〇〇九年十一月）

「おもいやりよさん」とタイプインしてワープロの変換キーを何回か叩くと、「重い槍予算」という神の啓示じみた味わいぶかい変換結果が返ってくる。なるほど。こいつにはいつもびっくりさせられる。

ついこの間もこんなことがあった。東京オリンピックの「経済波及効果」について原稿を書こうとしたら、わがワープロは、「経済は急降下」

といきなり結論を提示してきたのである。驚くべき見識。私がつけ加えるべき言葉はひとつもない。

さて、「思いやり予算」だが、これは誤変換以前に誤用だと思う。

というのも、そもそも「思いやり」は、「上位者が下位者に対して示す心情的配慮」であって、日米の立場にはそぐわないからだ。

軍事的属国の立場にある国が、宗主国に向けて、なにがしかの金品を提供する場合、その行為は「上納」ないしは「朝貢《ちょうこう》」と呼ばれるべきで、どう見たって、「思いやり」みたいな、上から目線のプロットにはならないはずだ。

が、昭和の日本人は、自分たちの現実を直視することを好まなかった。

あたかも、米軍を日本の「番犬」であると見なすみたいな、そういう設定で予算を支出する道を選んだ。つまり、現実には宗主国のごきげんを取り結ぶために金品を上納しているにもかかわらず、自らを納得させる脳内ストーリーの上では、食いつめた用心棒に小遣いを与えるみたいな、そういう慰撫《いぶ》的な用語を採用したわけなのである。まあ、この言葉を発明した金丸《かねまる》さんというヒトは、ある意味で天才だったのだろうね。

もしあれが「みかじめ予算」「上納予算」「パシリ予算」「ご奉仕金」ぐらいな名目だったら、さすがに国会を通らなかったはずだ。愛国設定で世間を渡っている議員さんが賛成しにくかっただろうからして。

その「思いやり予算」の実態が「重い槍」すなわち「過剰な軍事負担」であることを、もしかしたら金丸さんは知っていたのかもしれない。なにしろ、食えないオヤジだったから。

中学校のときの社会の教科書にあった挿絵《さしえ》を思い出す。二人の男が、背中いっぱいに鉄砲や大砲をかついで、喘《あえ》いでいるポンチ絵だ。出典は当時の新聞。第一次大戦後、欧州諸国が軍拡競争に陥り、その過剰な軍事負担のために疲弊していたことを描いたものだという。

まさに重い槍。分不相応《ぶんふそうおう》にデカすぎるハサミを身につけたシオマネキみたいな調子で、軍事国家はしだいに身動きがとれなくなる。

……と、シオマネキは「死を招き」だとさ。

うむ。オレのワープロは天才だな（笑）。

『**イニエスタとの会話**』（初出：「浦和フットボール通信」二〇〇九年十月）

「やあ、顔色が悪いね」

「うん。で、キミは誰？」

「レッズサポだよ。デカくもないんだね」

「うん。身長は一七〇センチ。むしろ小さい。で、レッズっていうのはどこのチーム？」

「しかも細い。こんなフィジカルでよくプロのピッチに立ててたもんだね」

「キミはケンカを売りにきたのかい？」

「インタビューだよ。それからレッズというのは日本のフットボールチームさ」

「オシムが代表監督をしてる国だね」

「オシムは辞任した。とても残念なことにね。脳梗塞《のうこうそく》。不幸な発作だった。顔色はわりあいに良かったんだけど」

「どうしても僕の顔色について話がしたいんなら、これは生まれつきだよ。色白なんだ」

「白いというより、黄色いね。しかもアオい。まるでレタスの芯《しん》だ」

「うん。小さい頃よくいじめられたよ。血色が悪いって」

「どうしてそんな顔色でサッカー選手になろうと思ったんだい？」

「やっぱりケンカを売りにきたんだね」

「違うよ。ライターっていうのは原稿を売って反感を買う商売なんだ。イヤな稼業だよ」

「いまのはジョーク？　それとも愚痴？」

「警句だよ。で、どうしてサッカー選手になったのだね？　そんなフィジカルで」

「重要なのはフィジカルじゃない。顔色でもない。スピードでもパワーでもない。フットボーラーの命運を決するのはスキルだ。あるいはテクニック。わかるかい？　卓越した技巧だけが局面を打開する。あるいは正確な技術があれば、ピッチの上のどんな場所でも敵を恐れる必要はない。そういうことだよ」

「なるほど。ということは、軽くて小さいうちの国のフットボーラーも、努力すればワールドクラスになれるってことだね？」

「もちろんだ。弱くて低くて遅くても大丈夫。スキルが超絶的であれば」

「顔色が貧血のウサギみたいでも？」

「全然大丈夫。起き抜けのナメクジみたいな顔色でもスキルがあれば心配ない」

「怒らないんだね」

「うん。冷静さもぼくの持ち味の一つだ」

「感心したよ。少なくともメンタルはディエゴよりずっと強い。ロナウドよりも」

「ありがとう。スキルとメンタル。フットボーラーにとってのふたつの宝物だ。このふたつがあればどんなハンデがあっても心配ない」

「顔がせんだみつおに似ていても？」

「もしかして、シャビの話をしてる？」

「どうしてせんだを知ってるんだ？」

「スキルとメンタル。それから、情報収集能力と洞察力。フィジカルを埋めるためにはさまざまな要素が必要なのだよ」
「キミをバロンドールに推薦しておくよ」

これも、六〇ラインほどのごく短いコラムだが、会話のみで構成している。地の文が入る余地はない。説明的な記述もゼロ。おかげで、かなり説明不足で不親切な文章になっているが、そういうところは気にしない。読者の三割ぐらいは切り捨てる覚悟で前に進もう。

次は、八〇ライン（四枚）のコラム。雑誌の一ページコラムとしては最も一般的な長さだ。
この長さに慣れることが、コラムニストの食い扶持《ぶち》を決定するといっても良い。どんな内容でも、四枚で書けるようにならないといけない。というよりも、四枚というのは、何を書くにも書きやすい長さではある。

『下町目線』（初出：「読売ウィークリー」二〇〇八年一月）

東京の赤羽《あかばね》で生まれ育った男である私は、「下町育ち」というふうに分類されがちなのだが、正直な話、「下町」という言い方にはいつも違和感をおぼえる。

厳密にいえば、赤羽は下町ではない。というよりも、そもそも江戸の枠組みに入っていなかったのだから、下町にも山の手にも分類できないはずなのだ。強いていうなら「場末《ばすえ》」だ。

でもまあ、そんなことはどうでも良い。どうせ「下町」という概念自体、言葉のアヤみたいなものなんだし、自分の住んでいる町が「場末」である件にしても、特に声を大にして強調したい種類の事柄ではないわけだから。

問題は、テレビにおける「下町」の扱われ方だ。私の見るに、ここ数年、バラエティの文法において、「山の手」対「下町」という二項対立は、「高級住宅街」vs「低所得横町」、「高学歴」vs「無知蒙昧《むちもうまい》」、「セレブ」vs「庶民」、「エレガント」vs「ヤンキー」みたいなカタチの、より乱暴にして悪辣《あくらつ》な対比関係に読み替えられつつある。元々は対等な文化的遍在ないしは地域的な対照関係にすぎなかった両者の立場が、資産価値によってソーティングされた上で、モロな上下関係および優劣として語られるようになってきているわけだ。

悪意がないのはわかっている。バラエティの世界では、あらゆることを誇張して面白がることにしている、と、それだけの話なのだね。どうせ。

とはいえ、「もともとは大阪からやって来た人間」で、「テレビで顔が売れたから現在は世田谷あたりに居を構えている」ぐらいな立ち位置にいる吉本の芸人（↑たくさんいるよね？）みたいなものの口から、東京の下町（および場末）について揶揄《やゆ》する調子の発言を聞かされると、やっぱりあたしらとしてはしゃくにさわるわけです。

でもって、たとえば、木下優樹菜《ゆきな》みたいなものが「下町」の代表キャラに認定されていたりすることも含めて、非・山の手側住民のわたくしどもは、なんだか自分たちの町が吉本に荒らされているみたいな被害者意識を抱くのだな。

実際、「ヘキサゴン」あたりで、木下優樹菜が演じている「下町低学歴ヤンキーぶっちゃけキャラ」は、あれは、半《なか》ば事務所がらみの演出なのだとしても、その演出の方向性には、かなり露骨な差別意識が介在している。

だから「ヘキサゴン」をはじめとするネタ進行のクイズ番組は、いつしか「無知な人間のバカな答えを揶揄《やゆ》する」という底意地の悪い「公開嘲笑《ちょうしょう》バラエティ」に変質しているのである。

「いくらバカだからって、バカをバカにするのはマズくないっスか？」

「ははは、大丈夫。誰も自分がバカにされてるとは思わないから」

「視聴者って、自分がバカだというふうには思わないいんですかね」

「うん。だって、バカだから」

「はははははは」

と、おおよそ以上のような編集会議を経て、いわゆる「おバカキャラ」は創造され、演出され、処理されているのであろうが、その「おバカキャラ」のバカな回答が、構成作家の創作であるのだとしても「バカをバカにする」「無知を笑う」ということを娯楽として消費してしまっているわれわれの液晶画面は、最終的にはバカの壁になる。なんとなれば、上下関係を設定しないと笑いをつくれなくなっている現場の頽廃《たいはい》もさることながら、嘲笑↓蔑視↓いじめというふうに、一度下方硬直化した笑いの質は、けっして元に戻ることはないからだ。

バカに「お」をつけてもバカさが減るわけじゃないのと同じで。


四枚から五枚の長さになると、かなり遊びの要素を入れることが可能になる。以下に紹介するのは落語仕立てで書いたIT用語解説記事。「コラム」と呼ぶにはちょっと無理があるかもしれないが、なあに、コラムというのはそもそも無理な作り物なのである。

『フリーズ奉行顛末《てんまつ》』（初出：「朝日パソコン」二〇〇四年三月）

「これ、そこな小僧、ちとものを尋ねるが、このあたりに郡《こおり》奉行様のお屋敷があったであろう……」

「お侍《さむらい》さん、ひとにものを尋ねるときは、まず自分の名前を名乗るもんだよ」

「これはしたり。匹夫童子《ひっぷどうじ》の言とはいえ、道理は道理。しからば、拙者は山田藩藩士山出権太左衛門泥助と申す者。このたび、所用あって遠路北国よりまかりこしたるも、猥雑狭隘《わいざつきょうあい》なる江戸の町並みに混迷いたし、不覚にも藩邸を見失ってはや三日。かくなるは腹かっ切って藩主に詫びるのほかに道無しと思い候えども、身に携《たずさ》えしは質草《しちぐさ》の竹光《たけみつ》ばかりなればそれもかなわず、ゆえに、進退窮《きわ》まってここにあえて恥をしのんで路傍の童子に道を尋ねんものと一世一代の……」

「ちょいと待っておくれ。おじさんの長台詞《ながせりふ》はおいらにはまるでわからないや。いま、異人さんの言葉のわかる大人を連れてくるからそこで待っててておくれ」

「……い、異人？　ふむ。小僧め、ワシを偉人と見たか……」

「……連れて来たよ。ほら、八五郎さん、これがラストサムライだよ」

「なるほど。見たところ、異人さんにも見えねえ……っていうか、与太郎、こいつぁ典型的な田舎侍だぜ」

「ん？　これ、町人、このあたりに郡奉行様の江戸屋敷があったはずだが」

「ん？　ゴリ不器用のエテ夜叉《やしゃ》……って、てめえ、いうに事欠いて……」

「町人、何を興奮しておる？」

「てやんでえべらぼうめ、二本差しがコワくて田楽が食えるかってんだ」

「町人。その方、武士に果し合いを申し込む所存か？　そのべらぼうとかいう得物で、それがしの北辰一刀流に勝てると思いおるか？」

「ふん。あいにくだがてめえみたいな山出しのイモ侍に切って与えるような安物のタンカはこちとら持ち合わせちゃいねえんだよ。ケンカを売りたいんならそこいらの野良猫にでも当たってみるんだなべらぼうのごくつぶし野郎が」

「ちょっとちょっと、ひとのうちの玄関先で立ち回りはごかんべん願いますよ」

「ごかんべんも検便もねえや。聞いてくださいよご隠居。この侍が長屋を氷普《こおりぶ》請《しん》だのと好き勝手抜かしやがるから」

「何を申す。郡奉行といえば代官の上に立つ藩の重職であるぞ」

「言っとくがおれっち江戸っ子は伊達の薄着だ。誰が大寒の氷ぐらいのことでびっくりするもんか」

「八五郎さん、あなたは黙っておいでなさい。で、お侍さまは、氷砂糖の風呂敷包みを探しているとか？」

「何を申すか。それがしがここ数日来探索踏査希求渇望《たんさくとうさききゅうかつぼう》しておるのは郡奉行様のお屋敷であって、断じて女人や童子に供する砂糖菓子の類ではない」

「こおり？　と申しますと、高利のナニですか？　うかつに手を出すととんでもないことになるとかいう例の……」

「当然だ。郡奉行に手など出したら、それこそ打ち首獄門だわ」

「ふむふむ。というと、サムライ金融、略してサム金を探しておいでだ、と、そういうわけですな？」

「ええい、黙れ、さいぜんからわかのわからぬことをぐだぐだと。拙者の申しておるのは、郡《こおり》じゃ」

「小売は商人、行李は引越し屋、公吏ならお役人、公理といえば数学者ですが、一体誰を探しているんですか？」

「だからコオ……リ……バタッ」

「おお、倒れなすった。大丈夫ですか？　お侍さん。お気を確かに」

「おお、フリーズですな」

「はて？　あなたは？」

「ははは、通りすがりのシステムエンジニアです。名乗るほどのものではありません。ただ、生身の人間が凍《こお》るところをはじめてナマで見たので、ちょいと興奮しているのです。なまフリーズ。うわぁ、ナマこえぇー！」

「ヘンなヒトですなあ。凍るというのはどういうことです？　このお侍さんは、お見かけしたところ、空腹で倒れただけです。なんでも道に迷って丸三日歩き通しだったようですから」

「事情や原因がなんでどうあれ、フリーズはフリーズ、ハングアップはハングアップ。凍ったマウスは再起動しないと元には戻りません」

「マウス？　ああ、パソコンの話でしたか。しかしね。いまここに倒れているのは、人間です。リセットボタンなんかありゃしませんよ」

「ううっ。何か、食べるものを……」

「どうぞ。味噌田楽《みそでんがく》です」

「おお、システムは深刻なエラーから回復しました」

「安い侍ですなあ」

ちなみに、これらのコラムを掲載していた雑誌は、『週刊プレイボーイ』誌を除いて、現在、書店から姿を消している。すなわち、すべて廃刊においこまれたのだ。

この件について何らかの論評をするべきなのだろうが、うまい言葉が見つからない。

そういうときは黙る。

本当に大切なことは言葉にできない。

沈黙に勝るコラムはない。残念なことだが。

特別対談

小田嶋隆×内田樹

モノを書くということについて真剣に考える人

内田　小田嶋さんの『コラム道』の連載を読ませていただきました。僕も近々ミシマ社から『街場の文体論』という本を出す予定で、そこで「モノを書くとはどういうことか」について全面展開しましたが、小田嶋さんの文章論を読んで、すごくおもしろかったのは、微妙にかぶってるんですよね。小田嶋さんと、僕と、文章を書くことについての考えが。僕のほうが出版されるのが後なので、「内田がマネしてるんじゃないか」と思われそうですが、僕の授業は二〇〇九年の後期の授業のテープ起こしが元になってますから、マネではありません、ということをここで表明しておきます（笑）。

小田嶋　実は私の連載も足掛け四年にわたってまして……。

内田　途中で半年空いたりしてましたね（笑）。「モチベーション」の回の次から。

小田嶋　モチベーションを喪失してました。

内田　村上春樹の文体論ってあるじゃないですか。『走ることについて語るときに僕の語ること』と、インタビュー集の『夢を見るために毎朝僕は目覚めるのです』。そこで書かれている文体論と、小田嶋さんの文体論はすごく似ている気がしました。

小田嶋　そうでしたか。

内田　小田嶋さん、読んでないでしょ。

小田嶋　読んでないですね。それは意外です。

内田　モノを書くということについて真剣に考える人は、言うことが似てくるなと思いました。

説明名手四人衆

――内田先生はいろんなところで小田嶋さんの文体に影響を受けたと書かれていますが、そもそも小田嶋さんの文章を読みだしたのはどんなきっかけだったんですか。

内田　読みだしたのは『シティロード』のコラムくらいからだから、あれは七〇年代の終わりくらいかなあ。最初期からの愛読者ですから。小田嶋さんの単行本デビュー作の『我が心はＩＣにあらず』、あれは何年でしたっけ。

小田嶋　一九八八年刊行ですね。

内田　僕、小田嶋さんの単行本全部持ってます。

小田嶋　そんな人ほかにいませんよ（笑）。

内田　町山智浩と小田嶋隆については、ヘビーリーダーですよ。『笑っておぼえるコンピュータ事典』まで読んでますからね。

小田嶋　あんなものまで読んでるんですか。

内田　いまだにたまに引っぱり出して読んでますから。もう二〇年ぐらい前のコンピュータ事典だから、ほとんど情報としては意味をなしていないんですけど、これが本当におもしろいのよ。いわゆるハウツー本の対極にある本でね。小田嶋さんの書くものの魅力というのは、コンテンツじゃなくて、スタイルなんだよね。情報誌の欄外コラムなんて、ふつうは読み飛ばして記憶にも残らない消耗品のはずなんだけど、小田嶋さんの書くものはエッジが立ってるから、引っかかるんですよ。「この人ほかにどこで書いてるんだろう」と思う。次の号を買っても「オダジマのエッセイはどこだ……」と探してしまう。

小田嶋 そんな人、本当にいないですよ。

内田 じゃあ、僕は小田嶋さんのファン歴はほんとに長いんだ。日本を代表する批評的知性として、ずっと尊敬してるんです（笑）。

小田嶋 稀有《けう》な存在です。

内田 今回、『コラム道』をはじめいろいろ読んでわかったんだけれど、小田嶋さんの文章の特徴は、何より説明がうまいことですね。ものすごくうまい。本書の中にも「説明」について語っている項目があるんだけれど、説明がうまい人って、そこら辺のコーヒーカップの説明をしてもホレボレするぐらいうまい。説明がうまい人というのは、みんなが決まったひとつの方向から見ているものを、ぜんぜん違う視点から見る人なんです。みんながコーヒーカップのデザインや用途や材質について語っているときに、コーヒーカップの前駆的形態とか、コーヒーカップが将来どうなるかとか、ぜんぜん違うコンテクストにおいて、そのものが何であるかを明らかにする。説明がうまい作家というと、橋本治、村上春樹、三島由紀夫の三人が代表的ですけど、小田嶋さんは、彼らに名を連ねる「説明の名手」だと思う。

小田嶋　すごい三人ですね。

内田　橋本治さんはなんていうか、視点のずらし方がすごいの。いきなり未来に飛んで、そこから見るようなことができる。三島由紀夫も『暁《あかつき》の寺』で本多繁邦が唯識論について語る箇所があるんだけど、五ページか六ページぐらいで大乗仏教の根本思想である阿頼耶《あらや》識《しき》について説明しちゃうのよ（笑）。唯識論をわずか五ページで説明して、読んだ方をわかった気にさせてくれるんだから、すごい力業ですよ。村上春樹も『1Q84』の中で、六〇年代の新左翼運動が崩壊した後、その参加者たちが各地でコミューンをつくって有機農業をはじめたりヨガや新興宗教に走っていった流れをエビスノ先生が説明する場面があるんだけど、これもわずかなページ数で七三年から後の日本の新左翼運動後の全共闘世代のメンタリティの推移についてこれほど鮮やかに説明した文章は見たことがない、というぐらい見事。

小田嶋　私もそこは印象に残ってます。あの時代のごちゃごちゃした複雑な状況を、全部ひとまとめにして、すっきりと説明している。

焦点距離を自在に操れる人

内田　説明がうまい人というのは、物事を見るときの「焦点距離」が自在に操れる人なんだと思います。ぐぐぐっと接近して見た後で、いっきに引きで、はるか遠方から、歴史的にも空間的にも俯瞰《ふかん》的に一望する。と思うとまたいっきに対象に接近して恐ろしいほどの細部を詳述し……という視点の接近と後退を繰り返す。その運動が見事なんです。凡庸な書き手は説明するときに視点がひとつに固定されている。焦点距離が固定されていないと、対象がうまく見えないと思いこんでいる。でも、逆なんです。説明がうまい人は、焦点距離を自在に動かすんです。そこで説明されているコンピュータそのものがもう消えてしまったコンピュータの辞典の項目がおもしろいのも、コンテンツ自体のおもしろさではなくて、文体が自由自在だから。伸縮自在に変化する文体がもたらしてくれる快感というのは、コンテンツ自体は古くなってもぜんぜん衰えない。小田嶋さんご自身は「説明がうまい」ということについてどう思います？

小田嶋　そういう感想を聞いたことはなかったですね。

内田　そもそもテクニカルライターになられたのも、説明がうまいからでしょ。

小田嶋　テクニカルライターはたしかに説明をすごくたくさんしなければならない、辛い仕事でしたね。用語事典の前に、コンピュータ用語集を『日経パソコン』でつくったことがありまして、つまんないことを何度も何度も違う言葉で説明しなければならなかったので、そのときに溜まったストレスを用語事典にぶつけたというか。

まず人がいて、その後に文体がある

小田嶋　文体といえば、内田先生の文庫（『期間限定の思想』）の解説を書くときに、「どう褒めようか」と悩みまして。

内田　お互いに褒め合ってる（笑）。

小田嶋　褒めてるようには一見読めないけれど、じつは褒めている、というふうにするために、最終的に「内田樹の語り口は『とっちらかって』いる」と書いたんですけれど、それは第一章と第二章と第三章が、まるで別人が書いているように感じたからなんです。別々の場所で書いたものを、後で集めた本だからかもしれませんが。

内田　そう、最初は雑誌連載でした。

小田嶋　女子学生と会話しているような文体のものもあって。

内田　女子学生と話していて「君たちは何も知らんのだなあ。これはね……」と説明したときの話がだいたい元になってます。頭はいいんだけど、あまり本を読んでいないし、世の中の仕組みもわかっていない二〇歳前後の女の子を相手に「親族とは」「貨幣とは」「欲望とは」という話題をしているわけで、それを飽きずに聞いてもらわないといけない。それを二一年やりましたからね。

小田嶋　読んでいて「教壇に立っている人だな」と思いましたよ。ちゃんと話が着地しないんです。

内田　あははは。

小田嶋　結論を提示するんじゃなくて、結論に至るまでの行ったり来たり、モノを考えること自体の楽しさを見せている。「こんなふうに思われてることも、こっち側からだとこう見える」というように、物事の周りを迂回《うかい》して走って、結局戻ってこないというか（笑）。

内田　本当にどこに着地したって、いいんですよ。落語と同じで、サゲは駄洒落《だじゃれ》でも何でもいい。学生たちが高校までの学校教育で身につけた思考回路は定型化・硬直化している。それをとにかく首根っこつかんで頭をぐらぐら揺さぶって「もっととっちらかれ」と促してあげるのが大学教師の仕事ですから。

小田嶋　生徒に質問させて「これはね……」と説明していくんだけれど、結局着地していない。でも「結婚すべきかどうか」なんて問題に、簡単に着地なんてできっこないんですよね。

内田　一回ごとに言うことも違ってますしね。

小田嶋　哲学というのは着地点が目的なんじゃなくて、どういう道を通ることができるか、というルートハンティングみたいなところにおもしろさがあるんだな、と感じました。私は短いコラムばかり書いてるので、どうやってくるっと回って着地するか、いつも考えているので、そこが違うなと。

くるっと回って着地して、ぴっと手を上げる

内田　小田嶋さんと僕の文章のいちばんの文体上の違いはそこかもしれないですね。僕の文章は着地しない。オチがない。それにもともとウェブで書きはじめたので、枚数とか字数に限定されるという習慣がなかった。無制限にどんどん書いているうちに仕事に行く時間が来たり、宅急便が来たり、電話が鳴ったりしたら、そこでぶつんと終わってしまう。「続きはまたいずれ」で終わりにしても誰からも文句も来ないし。メディアの注文原稿では、「続きはまたいずれ」というわけにはいきませんから、何がしかの結論を出さなければならない。

小田嶋　長さによって文体はどう変わるか、という問題はありますね。五枚なら五枚と枠が決まっているコラムだと、その中でどうやってくるっと回って着地して、ぴっと手を上げるか、という仕事になる。でも今連載している「日経ビジネスオンライン」のコラムなんかみたいに、「長さは適当にお任せします」というものだと、着地する前に読者をあっちこっちに引っ張り回して、「今日はこの辺にしておいてやるか」という感じで終わらせることができる。

内田　ああいう書き方が許されるのはネットならではですよね。紙媒体では許されない。あとネットだとリンクが貼れたり、コピー&ペーストで簡単に引用ができるでしょう。だ

から、異質なものを入れこみやすい。手書きの原稿の時代は、人の文章を何十行も書き写すのって、面倒でやれないですからね。

小田嶋　私のウェブの連載の読者コメントも、「まとまりがない」とか「長い」という文句が多いんですが、それも紙の文章をずっと読んできた人からすると「この人はいったい何が言いたいんだろう」と思うからでしょうね。書き物というのはちゃんと結論があって、言うべきことを簡潔にまとめるのが良い文章なんだ、と固定観念を持っている人が読者の三割ぐらいいる。

内田　読む側の構えも変化していいんじゃないですか。字数指定もないし、印刷所が待ってるわけじゃないから、〆切《しめきり》もあってないようなもの書いているんだから。「あなたが原稿落としたら、白紙で出さなくちゃいけないんですよ」っていう脅しもネットじゃ効かないですからね。

小田嶋　白紙で印刷、ということ自体がパラドキシカルな表現ですよね。「なしの礫《つぶて》」にも通じるものがあります。

内田　ネット上でものを書く場合と、定期刊行物で字数指定の原稿を書く場合では、書く側もマインドセットが切り替わりますね。

小田嶋　着地点を意識しながら書くのか、書きながら後で考えるかの違いですよね。

手書きの時代

内田　本書には推敲の話も出てきましたが、昔みたいに原稿用紙にペンで書くのと、パソコンのワープロソフトで書くのでは、推敲の意味もぜんぜん違ってきますね。ワープロって「無限に修正の可能性を含めて書く」文房具でしょ。手書きのときはあとから直すのが嫌だから、いちおう三行分ぐらい先まで書くことを考えてから実際に紙に書きだした。

小田嶋　そうですね。

内田　いまはまったく考えずに、とりあえず書き始めるということができる。ある程度の分量書いてからカタチを整えればいい。そう思っているから。これに慣れちゃうと、手書きで書けなくなる。僕はもうまったく手書きでは無理ですね。

小田嶋　手書きでは私も二五六文字ぐらいが限度ですね（笑）。一四〇字のツイッターぐらいの文字数なら何とかという感じです。

内田　僕は一四〇字でも、もう手書きでは書けないかもしれない。手書きだと頭の中でフレーズが浮かんでから、文字が出力されるまでのタイムラグにもう耐えられない。

小田嶋　論文を書いておられた頃は手書きでしたよね。

内田　何年前かな。NECのワープロ専用機「文豪」を導入したのが八四年か八五年頃でしたね。それまでは論文も翻訳も全部手書き。

小田嶋　私も辛うじて手書き時代を体験して

ますが、やはりたいへんでしたね。あの頃は原稿用紙五枚と二〇枚って、数字的には四倍ですが、実感的には一〇倍か二〇倍ぐらいたいへんな感じがありました。枚数が増えるにつれて幾何《きか》級数的にたいへんになっていきましたね。

内田　かなり書いた後に、「この部分をこっちに持ってこないと論旨が合わないな」と思うと、切り貼りして行数あわせて書き直ししたし。僕は修士論文は結局、第一稿から第四稿まで、四回書き直しましたからね。

小田嶋　手書きの時代に新聞記者が使っていた原稿用紙も、一行一二字とか一五字の、特殊な短いものなんですよね。しかもパラグラフごとに全部紙を変える。デスクがそれを見て、段落ごとに使うか捨てるかを決める。

内田　なるほどね。

小田嶋　それであの主語のない、卑怯《ひきょう》な文体ができあがったわけです（笑）。

内田　僕も論文はずっと二〇〇字詰めの原稿用紙で書いてました。四〇〇字詰め原稿用紙だと、書き損じた後に、また新しい原稿用紙にはじめから書き写す手間がたいへんだったから。その頃はだから、書ける原稿の量に、フィジカルな限界がありましたね。一日に書ける枚数はせいぜい四〇〇字詰め二〇枚ぐらいだったかな。

小田嶋　書き続けたせいで手が痙攣《けいれん》する「書痙」がライターの職業病でした。

内田　肩こりもすごかった。集中して論文を書き続けると、背中から肩、腰までがぱんぱんになって、偏頭痛《へんずつう》もひどかった。書きたいことはあるのに、体が動かない。

小田嶋　頭の良さ以上に、ある程度の根気がない人は物書きとしてのスタートレベルにも立てない、という時代でしたね。それがワープロによって瓦解《がかい》したのは、いいことなんでしょうけれど。

内田　個人的には肩こりと偏頭痛から解放されたのは本当にありがたかったなあ。だから、このテクノロジーの進化には心から感謝しています。たぶん手書きのままだったら、僕の書きもののアウトカムは、今の二〇分の一ぐらいだと思う。ワープロがあると、断片的なピースをばらばらとつくっておいて、後でかちゃかちゃとつないで「一丁あがり」ができますから。

書いたものと自分の身体との親密さ

内田　書くための道具のテクノロジー変化によって、書くものに及ぼされた影響というのは、かなり大きい気がします。書かれる文章が初めから無限の修正を意図しているのと、白い原稿用紙にぐいっと墨痕《ぼっこん》を落とすのとでは、マインドセットがまったく違う。

小田嶋　書き出しなんて考えずにとりあえず書けばいいんだよ、と本書で書きましたが、それはワープロ時代の書き方ですね。

内田　昔は書く前にも「儀式」があったでし

ょ。お茶を飲んだり、墨をすったり。その間にけっこう書く内容を考えていて、たぶん何枚分かはめどがついてから書きだした。だから書きだしの二行ぐらいについてずっと何日か考えるなんてこともあった。今はそんなことはないでしょ。「言葉の濫費《らんぴ》」をワープロが生み出しましたね。でも、今さらもとに戻ることはできない。

小田嶋　文章を書く前の緊張感みたいなものは失われましたね。

内田　いっきに書ける枚数というのも決まっていたから、原稿にその生々しい身体感覚みたいなものが刻みこまれた気もします。ある程度書いては、疲れたのでひと休みして、また書き始めて、というのが文章のブロックごとに刻印された。でもワープロだと一年前に書いた文章を呼び出して、その隣に現在の文章を挿入する、という書き方ができる。手書きの原稿用紙にペンで書いたときの、生々しい物質感みたいなものがなくなったのも、文学の衰退に関係ありそうです。

小田嶋　文章における時間性はなくなりましたね。原稿の〆切もワープロになってから、「一日に何枚最高で書けるから」と計算するようになりましたけれど、手書きの場合はもっと書くこと自体がたいへんだったので、そういう計算が成り立たなかった。

内田　書くのにかかる実際の時間が違いましたよね。先ほど自分のアウトカムが二〇倍になった、と申し上げましたが、それは要するにひとつのテキストを書く時間が二〇分の一になったということです。

小田嶋　そうそう、とても時間をかけて書いてましたよね。

内田　速くなったんじゃなくて、昔はすごく時間をかけて書いたので、書いたものと自分の体との親密さがもっと深かった。

小田嶋　たとえば接続詞で「けれども」にするか、「ところが」にするか、みたいなどっちでもいいようなことでも、一応考える時間があった。今は「けれども」「けれども」「けれども」と三回続いても書いてるときには気づかない。ゲラになった段階で「これはまずい」と直しますけれど。

内田　手書きだとそれはありえないでしょうね。「けれども」が三回続くと「あれ、この文字さっき書いたな」って手が気づくから。手書きだと論旨がいきなりでんぐり返るということはない。文章の流れにスピード感はないかもしれないけれど、その代わりにずっと一貫した流れと呼吸がある。

小田嶋　三島由紀夫がどこかで書いていた文章論に、文章を読むスピードと、それを書いたときのスピードは逆だ、というのがありました。高校生ぐらいのときに読んでいまだに覚えてるんですが、書くときにすごく時間をかけた文章は、読む側にとってはすばらしいスピードで読める。反対に書き飛ばした原稿は、読む側にとっては時間がかかる。

内田　それはすごくわかる。

小田嶋　だからすごく手間をかけてあちこち直して、やっとできあがった文章というのは、読んでみるとすごくスピード感があるんですよね。

内田　ああ、そうだな。文学作品も昔のもののほうが圧倒的に読みやすいもの。ぐいっといっきに引きこまれて読める。今のもののほうが、表面的にはさらっとしているんだけど、それは書き手の身体的な滑《なめ》らかさじゃないんだな。だから、ガツンガツンと引っかかる。

小田嶋　漱石や鷗外の小説は、おもしろいかどうかは別の問題で、さーっと読めちゃいますよね。

内田　難しい漢字がいっぱい出てきても、つーっと読める。今の小説は簡単な言葉で書いてあっても、読んでいて爪先《つまさき》があちこちにぶつかって、先に読み進めないでしょ。

文章の「塩抜きをする」

小田嶋　この間、伊藤比呂美さんという詩人の方と「ラジオデイズ」で対談しました。番組の中で彼女は自分の詩を朗読したんですけど、詩を書く人って、ふだんの文章から朗読することを前提とした文体で書いているんですね。彼女の書いた本を読んで「この人はやはり詩人だな」と感じました。私も読むのは速いほうですが、黙読はいつの間にか身についた能力です。読んでるときは音声化せずに文章をかたまりで認識している。聞いた話によると、最近は読むスピードを上げるために、それを子どもがやらなければならなくなっている。たしかに受験はそれで乗りきれるのでしょうが、そうして文章を読むことを覚えた人間は、言葉というものに対しておそらく、音声的な感覚を喪失するような気がするんですね。音としてちゃんとリズム感があったり、響きがあることを意識して書くためには、一回声に出して読まなければならない、と伊藤さんと対談して思いました。内田さんも、文章と音についてときどき書いてますよね。

内田　前に太宰治の『如是我聞《にょぜがもん》』のことを書きましたけど、太宰みたいに一回自分の体を通して、声に出して音として読んでみると、違和感のある言葉には引っかかるんです。身体のフィルターを通すと、身体実感となじまない言葉はそこではじかれる。

小田嶋　ゲラを確認する、というのもそういうことですよね。一回読んでみないとわからない。先生はよく「塩抜きする」と表現されてますが、その感覚はすごくよく理解できます。書いたばかりの頭だと冷静に自分の文章が読めない。二、三日経って頭が落ち着いてみるとリズムが狂ってたり、どうしてこういう言葉を選ぶのか、というアラが見えてくる。

内田　そうそう、塩味というか、エグ味というか。三日ぐらい経って読んでみると、文章のエグ味が浮いてくるから、「あくをすくう」みたいにそれをとるとあたりが柔らかくなって、読みやすくなる。

小田嶋　書いているときって、人間はくどくなるんですよね。すごくひとつのことにこだわった物の見方をしているから、同じことを何度も書く。

内田　何度も何度もね。

小田嶋　基本的にだから文章を書く奴はみんなしつこい。でも読んでいる人はしつこくないから、そこにギャップがある。時間をおくとそのしつこさに気づきます。

接続詞はいらない

内田　モノを書いていてひとつ何かアイディアが浮かぶと、これはいける、という思いで前のめりになってしまう。自分に向かって書いているから、話がくどくなる。いきなり話が飛ぶ。自分の中ではつながっているけれど、読んでいる人にとっては「あれ？」ということになる。おもしろいのはね、インタビューで僕がしゃべったことをテープから起こした原稿を送ってもらうと、「話は変わりますが」とか「話を元に戻しますと」というフレーズが頻出するんです。そんなこと僕は言っていないのに（笑）。要するに、僕の中では話がつながってるんだけど、聞いてる人にはそのつながりがわからないんだね。だから、「話は変わりますが」とサービスで入れてくれるんだけど、それやられると台なしになっちゃう。そこでアイディアからアイディアにぽんと跳ぶところがおもしろいのにね。自分で原稿を書くときと、ライターさんが書くときの最大の違いはそこですね。みんな妙に論理的につなげるための接続詞を入れようとする。それは違うの。

小田嶋　たしかに接続詞はいらないんですよね。最近発見したことなんですが、落語を五、六回聞きに行きまして、「落語というのはじつにとっ散らかっている」と気づきました。最初にまくらを言ったあとで、「ところで」とか「さて」とか何もなく、いきなり話に入る。ご隠居さんとオカミさんが話しているところにハチ公が入ってくるんだけれど、ハチがどんな風に入場してきたかのようなト書きにあたる話はまったくない。しかしそれでも話がきっちり成立している。話芸というのはそれで通じるのか、と思って以来、日経の連載では場面転換があっても、なるべく接続詞を使わないようにしましたね。

内田　僕もそれをけっこう意識している。自分の中で何か突然言葉が出てきたということは内的な連関があるわけで、その内的連関に読む人も乗ってもらわなければ話が通じない。「話は変わりますが」じゃないんだよね。できるだけ接続詞は入れないほうが文章はいいね。

小田嶋　落語家さんはみんな、まったくバタッと話を変えますね。

内田　話自体もぽんっといきなり終わっちゃうしね。古今亭志ん生の『寝床』なんかも長い話なんだけれど、最後は「番頭さんは？」

「ドイツに行っちゃいました」で突然終わる（笑）。なんでドイツに行っちゃったのかぜんぜん説明がない。客が大笑いしているうちに終わってる。

小田嶋　まくらから話に入るときも、「おっと」とか言って入るんだけど、何がおっとなんだか全然わからない。

内田　落語のまくらから本題に入る流れは見事だね。

小田嶋　あれを文章でどうにかやりたいんですけどね。

記憶がフックになって、文章が生まれる

――内田先生はよく授業で、過去に読んだ本について「あ、思い出した」と引用されたりすることがありますが、あれは紙の本で読んだときに赤線を引いたりして記憶に刻みこんでるんですか？

内田　いや、刻みこむというより、僕は読んだものは全部覚えているはずだ、という仮説を立ててるんです。読んだものもそうだし、会った人の顔も話したことも全部脳内では記憶されているはず。単に出てこないだけで（笑）。本当に必要性に迫られて、何かのトリガーが引かれたら、子どもの頃に読んだ絵本の記憶でも何でも出てくるはずだ。そういう説を信じてるんです。

小田嶋　モノを書く人間の資質としてものすごく重要なことのひとつが、いろんなことを

覚えているかどうか、だと思うんですよ。結局、資料がどんなに積んであっても、どこに何が載っているか思い出せなければ意味がない。澁澤龍彦《しぶさわたつひこ》のように異常な量の暗記をしている人はだからモノが書ける。デジタル化で懸念しているのは、ウィキペディアのようなものが発達しすぎると、人間はモノを覚えなくなってしまう。携帯電話が普及する前は、誰でもよくかける相手の電話番号を五〇ぐらいは覚えていた。「あいつは何番だよ」とすぐに答えられるのが自慢で、「電話番号は俺に聞け」みたいな奴もいた（笑）。いまそんな人間電話帳みたいな奴はどこにもいない。ウィキペディアが便利なのは間違いないんだけれど、頭の中にバッファとして持っているべき知識の量がどんどん節約されてくる。それがちょっとやばいと思います。昔ラジオ番組のADをやってたとき、スポーツの報道部に出入りしていたんですが、必ず報道部には「人間データベース」みたいな奴がいた。「掛布って高校どこだっけ？」とそいつに聞くと、「市立習志野だよ」とパッと出てくる。「高校時代の打率は何割何分で……」とものすごい量の知識があって、だいたいのことはそいつに聞けば間に合った。そういう親父がどこの会社にも一人ぐらいいたんですが、誰でもすぐにウィキペディアで調べられる時代になって、そういう人種は絶滅したと思いますね。

内田　ほんとだねえ。

小田嶋　ああいうアイヌの語り部みたいな人

が、デジタル化でいなくなっちゃう。

内田　稗田阿礼《ひえだのあれ》なんて、『古事記』の中身を全部暗記していたわけだもんね。

小田嶋　無文字社会ではそういう人がたくさんいたはずですが、文字が発明されたことでがくんと減って、ウィキペディアがそれにとどめをさした。

内田　『古事記』とかアイヌの『ユーカラ』とか、ホメロスの『オデュッセイア』とかユダヤ教のタルムードとか、もともと全部暗《あん》誦《しょう》されて伝えられてきたわけですからね。そういうことが人間にはできたわけだから。たぶん覚え方があるんだよね。

小田嶋　かつては一族に一人ぐらい、並外れた記憶力の持ち主がいて、そいつに自分たちの持っている知識を全部つぎこんでおくことで、記憶を伝えていったんでしょうね。その一族のナウシカのお婆ちゃんみたいな人が、次の世代の見込みのありそうな若いのを捕まえて、伝えていったと。

内田　歌うみたいな感じだったんじゃないかな。楽しく歌ってるうちに全部覚えちゃっている。フレーズで覚えているから、頭の中の膨大な文献を、シーケンシャルにもランダムに取り出すこともできる。

小田嶋　個人的な体験でも、コラムニストがコラムを書くときは、頭の中のウィキペディア的な古い知識やなんかのごちゃごちゃしたものがあって、そういうものがない人はモノが書けない。外部的な資料、とくに電子的な資料に頼る生き方をするのは本当はよくないですよ。

内田　今のネット上で発言している人の多くは、ほとんどがウィキペディア情報というか、あるトピックに関してネットでしこんだばかりの情報を集めて物知り顔をしている人が多いよね。

小田嶋　私が何か書くと、「それは違う」と言ってくる人が必ずいますが、その人たちはウィキペディアをひいて「お前の書いてることは間違ってる」と言ってくるわけです。ちょっと調べただけなのに偉そうなこと言ってくるからくやしい（笑）。昔それこそ私がマスコミの周辺で働いていた頃は、オタクと呼ばれる人々がある種の職場では重宝されていたんです。猛烈にアニメに詳しかったりすることが貴重だった。しかしそういう人たちの存在意義がウィキペディア以降なくなってしまった。結局コラムにしろ何にしろ、書くというのは記憶がないとできない。高校生のときにあんなことがあったな、という記憶がフックになって、今の事象とつなげてこんな風に展開できるのではないか、と文章が生まれてくる。細かいことを覚えておくことは、本当に大切ですね。この間クラス会に行って驚かれたんですが、私は高校生のときの出席番号をずっと覚えてるんですよ。青木、石塚、伊藤、岡、小田嶋、加藤、茅原、川上、小関、小林……と最初から最後まで全員分。

内田　それはすごいな。

小田嶋　そういう無駄なことを覚えている。三年間同じクラスだから毎日聞いてるわけだから、私からするとなんで覚えてないのかが不思議なんです。そういう機械的な意味のない記憶が脳のどこかに眠っていて、それが文を書く上ではけっこう大切なことだと思いますね。

小田嶋さんは、日本の宝です

――では最後に、小田嶋さんの天才性はどういうところにあるのでしょう。

内田　先ほど説明がうまい、というところで焦点距離の自在さを挙げましたが、横移動も縦移動も自由自在で、視点が定まらないところですね。視点が定まらない、というと悪いように聞こえるけれど、ハイパーアクティブに視点が動いているから、単独の論件をこっちから見たり、あっちから見たり、つついてみたり、ひっかいてみたり、蹴ってみたり、叩いてみたり、囓《かじ》ってみたり、煮てみたり、焼いてみたり、風呂に入れてみたり……。本当にありとあらゆることをして料理する。そのときの方法の大胆さというか、「そう来ましたか」という驚きが小田嶋さんの文章の特徴ですね。手元にある道具は何でも使って料理する。トンカチで叩いたりホチキスで留めたりのこぎりで切ったり、使える道具は全部使う。食材でも「ふつうはこんなの食べませんよ」というものを「いやこう工夫すれば食えますよ」と調理しちゃう。誰も使ったことがない食材を、誰も考えたことがない調理法で、美味しいものに仕上げるその創造性を『ミシュランガイド』なんかは高く評価するわけですけど、小田嶋さんの文章にはそれに似たものを感じますね。ふつうの書き手が定型的に処理するものを、誰も思いつかなかった方法で料理して、美味しく食べさせちゃう。本当に美味しいんだな、これが。その方法も適当に思いつきでやってるように見えるけれど、その瞬間に小田嶋さんは直感的に「こうすればいける」と確信している。自然石にも木理《もくり》があって、そこを叩くと硬い石がすぱっと割れる。絶好調のときの小田嶋隆がもたらす解放感、「してやられた感」というのは、彼以外の文章ではまず味わうことができない。それができるのは、「思考の肺活量」が大きいということだと思います。ダジャレみたいなものでも、普通の人だったら一つか二つで終わらすところを、小田嶋さんは六つ、七つ、八つと「ここまで引っ張るか」というぐらい続ける。

小田嶋　あれは実はダジャレはどんどん思いついているように書いているけど、すごくゴチャゴチャやっているんです（笑）。一つ二つであきらめればいいものを、まだないか、とわざわざ探して苦吟《くぎん》していたりするんですよ。

内田　ああいうのは六つぐらい並んでいないと気持ちが悪い、と感じるのも肺活量があるからなんです。苦吟するのも自分に対しての要求なわけで。小田嶋さんの美意識なわけですよね。あの「くどさ」というのは普通の人の五割増しですね。あれが小田嶋隆の文体上の指紋みたいなものなんですよ。日本に小田嶋さんのような文体と思考をする書き手は他にはいません。小田嶋隆は日本の宝です。

あとがき

よくぞここまでたどりついたものだ。

道は人々の踏み跡でつくられるものだが、本書『小田嶋隆のコラム道』の完成もまた、私の労力以上に、たくさんの人々の無償の協力に負っている。白鳥型足《はくちょうがたあし》踏《ぶ》みボートによる太平洋横断に匹敵する快挙だと思う。

完成を期して、まず当企画の発案者である三島邦弘氏に最大限の感謝の言葉を述べたい。

前向きという言葉を簡単に使う人がいるが、書かない著者を前に、五年間にわたって、賞賛の言葉だけを投げかけ続けることのできる編集者はとても少ない。坂本龍馬はドブの中で死ぬときにも前のめりだったといわれているが、三島さんなら死んだ後だって三メートルやそこいらは前進するはずだ。彼にはそういう力がある。本書がその証明だ。

あわせて、「ミシマガジン」掲載時に編集の労をとってくれた大越裕君と、ありえないスケジュールをこじ開けてオダジマとの対談につき合ってくださった内田樹先生にも慰労の土下座を捧げたい。ありがとうございます。

どんなときに訪れても都立高校の放課後みたいな空気で迎えてくれたミシマ社の面々にもブラボーと言っておこう。最終稿執筆のための人質に差し出したイグアナのイギー氏を、ご神体に祭りあげてくれたご一同の厚情を、私は一生涯忘れないだろう。賽銭《さいせん》を投げてくださった皆さんにもお礼を申し上げたい。

というわけで、連載中断の気まずさも、守られなかった約束への焦慮も、こうやって本が完成してみれば、すべては懐かしい思い出に変じている。なんという素晴らしい化学変化だろうか。これだから、コラムニストはやめられないというのだ。

あとは増刷の知らせが届けば、この最後の原稿にもハッピーなオチがつくことになる。

これればかりは、本書を手に取っている皆さん次第だ。よろしくおねがいします。

二〇一二年四月吉日

小田嶋隆

小田嶋 隆（おだじま・たかし）

１９５６年東京赤羽生まれ。早稲田大学卒業。

食品メーカー営業マンを経て、テクニカルライターの草分けとなる。国内では稀有となったコラムニストの一人。

著書に『上を向いてアルコール』（ミシマ社）、『我が心は ICにあらず』（光文社文庫）、『人はなぜ学歴にこだわるのか』（知恵の森文庫）、『１９８４年のビーンボール』『サッカーの上の雲』（以上、駒草出版）、『地雷を踏む勇気』（技術評論社）、『その「正義」があぶない。』（日経 BP社）、共著に『9条どうでしょう』（毎日新聞社）、『人生２割がちょうどいい』（講談社）など。近刊に『小田嶋隆のコラムの切り口』（ミシマ社）がある。

『小田嶋隆のコラム道』
2012年6月３日　初版第１刷発行
2020年1月15日　初版第４刷発行

著　者　小田嶋 隆

発行者　三島邦弘
発行所　（株）ミシマ社
〒152-0035 東京都目黒区自由が丘2-6-13
電　話　（03）3724-5616
F A X　（03）3724-5618
hatena@mishimasha.com/
http://www.mishimasha.com/

ブックデザイン　尾原史和（スープデザイン）
構成（対談部分）　大越 裕

印刷・製本　藤原印刷
組版　（有）エヴリ・シンク

ISBN 978-4-903908-35-9

好評既刊

街場の教育論

内田 樹

「学び」の扉を開く合言葉。それは……？

教育には親も文科省もメディアも要らない !?
教師は首尾一貫してはいけない !?　日本を救う、魂の 11 講義。

ISBN978-4-903908-10-6　1600 円

増補版　街場の中国論

内田 樹

尖閣問題も反日デモも…おお、そういうことか。

「日本は中国から見れば化外の民」「中華思想はナショナリズムではない」…『街場の中国論』（2007 年刊）に、新たな 3 章が加わった決定版！

ISBN978-4-903908-25-0　1600 円

小商いのすすめ 「経済成長」から「縮小均衡」の時代へ

平川克美

「日本よ、今年こそ大人になろう」

大震災、「移行期的混乱」以降の個人・社会のあり方とは？
政治家も経済学者も口にしない、「国民経済」復興論。

ISBN978-4-903908-32-8　1600 円

（価格税別）